平遥古城

山西省文物局 编
贾登红 编著

山西出版传媒集团
三晋出版社

写在前面的话

党的十八大以来，以习近平同志为核心的党中央高度重视文化自信和文化建设，强调在加强文化建设中要坚持讲好中国故事、传播好中国声音，铸牢中华民族共同体意识，向世界展现真实、立体、全面的中国，提高国家文化软实力和中华文化影响力，让世界更好地了解中国。2020年5月，习近平总书记在山西视察时，进一步指出文化遗产保护的重要意义：历史文化遗产是不可再生、不可替代的宝贵资源，要始终把保护放在第一位。发展旅游要以保护为前提，不能过度商业化，要让旅游成为人们感悟中华文化、增强文化自信的过程。

山西是中华文明重要的发源地，更是数千年中华文明史重要的实践地，山西以其独特的自然和人文环境，留下了丰富的遗迹、遗物。山西省目前有国保单位531处，高居全国之首，为深入开展“百万年的人类史、一万年的文化史、五千多年的文明史”研究，提供了丰富的实物资料。

为深入贯彻落实习近平总书记讲好中国故事、传播好中国声音的要求，以及视察山西时关于保护和利用好文化遗产的重要指示，进一步把山西省文化遗产所蕴藏的优秀传统文化精神标识和具有当代价值与世界意义的文化精髓提炼展示出来，不断提升中华文化影响力，山西省文物局与山西大学以山西省全国重点文物保护单位为依托，共同开展了“讲好山西国宝级文物故事”活动，并将其成果以“山西国宝故事”丛书奉献给广大读者。

此次选定的山西国宝文物包括山西省的三大世界文化遗产地、国务院首批公布的全国重点文物保护单位以及在全国同类遗存中具有重大文化价值的遗存共20处。这20处国宝大致可分为四类。

第一类是世界文化遗产。享誉中外的三大世界文化遗产，是我省的闪亮名片。云冈石窟代表着石窟艺术“中国化”的开始，壮丽的典型皇家风范造像，代表了公元5世纪世界雕刻艺术的最高水平，成为中西文化交流的历史丰碑。冰缘地貌、五峰聚立的佛教圣地五台山，是我国唯一兼有藏传佛教和汉地佛教的道场，是东亚乃至世界现存最庞大的佛教古建筑群，各类庙宇交相辉映，多民族文化和谐共存，同时也是艺术的殿堂，雕、镂、彩、绘，各呈奇异，钟、鼓、碑、匾，琳琅满目。保存最完整的古代县城平遥，是中国汉民族在明清时期的杰出范例，曾是中国金融业的中心，四四方方的城墙、整整齐齐的街道布局，车水马龙，人声鼎沸，盛满了城市过往的浓厚记忆，被称为研究中国古代城市的活样本。

第二类是古建宝刹。“地上文物看山西”，山西是名副其实的中国古建筑宝库。古建与土木匠作、髹漆彩画、造像雕塑、琉璃烧造、模型搭建等文化遗产，共同构成类目齐备、保存完整的文化遗产体系，在我国乃至世界范围内独一无二，具有“时代最早、数量最多、类型齐全、形式优美”的特点。其中有梁思成眼里的“中国第一国宝”佛光寺；有我国现存最古老的木结构佛教建筑南禅寺大殿；有精美绝伦的元代水神庙壁画，有保存最完好的飞虹琉璃塔的广胜寺；有被誉为世界三大奇塔之一的应县木塔；有见证民族交融的华严寺；有国内现存布局最完整、规模最宏大的辽金佛寺善化寺；有悬挂在山崖峭壁上，佛、道、儒三教合一的独特寺庙悬空寺；有保存着中国古代寺观壁画巅峰之作的永乐宫；有现存最早的皇家园林，三晋历史文脉的重要载体晋祠；有始建年代最早、规模最大、档次最高、保存最全的关帝庙宇解州关帝庙。

第三类是考古遗址。从古人类文化遗址、帝都古城到陵寝墓葬，考古类遗址为研究中国文化源流，解开尘封历史提供了珍贵的实物资料。这一类包括了远古人类打制石器的现场，中国旧石器时代中期的代表性文化遗址丁村遗址；华夏文明的源头，被称为“最初中国”的陶寺遗址；展示盛衰交替晋文化的晋国始封地与早期都城曲村—天马遗址；晋国晚期都城侯马晋国遗址。

第四类是历史遗存。说不尽的人文，道不尽的故事。汇通天下的百年票号日昇昌旧址，几经风雨沧桑、几经商海沉浮；平型关战役遗址，代表了中国共产党领导的八路军正面抗日取得的首次胜利，极大地鼓舞了全国军民抗战到底的信心，提高了共产党和八路军的威望；华北抗日根据地的指挥中心武乡八路军总司令部旧址，曾是百团大战的发起地，书写了抗日军民浴血奋战、威震敌胆的英勇事迹。

从古人类文化遗址、帝都古城到宝刹石窟、险堡雄关、革命圣地……整个山西就是一部浓缩的中华文明史诗，见证着中华历史的沧桑演变，体现了中华文明的连续性、创新性、统一性、包容性、和平性。讲好山西国宝故事，是讲好中国故事非常重要的组成部分，也是传播好中国声音，铸牢中华民族共同体意识，向世界展现真实、立体、全面的中国的有益实践。站在新的历史起点，我们浸润于三晋大地的优秀传统文化之中，通过“第二个结合”，更加坚定文化自信，共同努力创造属于我们这个时代的新文化，建设中华民族现代文明，铸就中华文化新辉煌。

丛书编委会

联合国教科文组织
关于保护世界文化和自然遗产的公约

世界遗产委员会已将平遥古城列入《世界遗产名录》。

列入该名录即确认一个文化或自然区域的特殊和普遍价值，并且要求为了全人类的利益对其进行保护。

列入日期：1997 年 12 月 3 日

联合国教科文组织总干事　马约尔

P150 ○ 结语——我们的平遥

目录

P1 序

P5 前言

P12 古城墙：砖土砌筑的史诗

稀世之珍——价值连城／15

别有洞天——文武双全／21

史脉源流——古城修建／27

P38 双林寺：东方彩塑的艺术殿堂

稀世之珍——彩塑的殿堂／45

别有洞天——别样的神祇／59

史脉源流——塑形赋彩／83

在凡间行走的故事／89

P98 镇国寺：中国木结构建筑的瑰宝

稀世之珍——木结构建筑的典范／103

别有洞天——彩塑、壁画／117

楮墨瑰宝——古槐残碑／135

序

总有一座城
让我们心生期待

总有一座城，让我们心生期待

平遥古城，原本只是三晋大地上一座平凡的小城，在她那漫长的历史进程中，这座城并没有多么伟大的事件值得铭记，如果要说她对中国社会产生的影响的话，也仅有明、清两代从这里走出去的票号。除此之外，这里在明清时期与城外的中国再无多大的关联，只是在平淡的日子里延续着自己的小城岁月。直至某一天，人们突然发现，原来偌大的中国，仅仅只剩四座古城还保留着明清时期的风貌，而平遥古城又是其中最为完好的一座。于是，人们纷至沓来。1997 年 12 月 3 日，平遥古城及其周边的双林寺、镇国寺一并入选世界文化遗产。

自此之后，平遥的历史与人文已被纷至沓来的游人赋予无数的描写，人们怎么称赞她都不为过。毕竟，在中国，她已是独一无二的了。这是她的幸运，也是三晋文明的幸运。

今天的平遥古城是一座古老与现代交织的城市。在这里，洒落的暖阳从来不会让人失望，古城的每一寸肌肤之上，但凡有阳光铺满的所在，皆盛满了目光的向往……

来到这里，你必须放慢脚步，因为这里的时光不同于他处。她不同于使人眼花缭乱的城市，总是让人来不及驻留、来不及回味，一瞬间，过眼的风景都只剩下背影。这是一座喜欢稳定和秩序的城，它浸润着时光的软风，草长莺飞，夏夜流萤，傍着青山绿水，依着古老的城墙，流淌着厚重的民俗，只要目光轻轻一触，便会瞬间将你拉入“古老的中国”。这也是一座古老中孕育着当代的城，古城内的万千灯火，每一盏都满载了历史，而灯光下飘零的是万千的眼眸，它们寻觅着时空交错中的平遥，寻觅着梦中萦绕的所期。

古城只有一座，但来此追寻、探索的眼眸却有千千万万，每双眼眸里都有一座只属于它自己的古城。

古城如诗——人人心中都有一段明清……

前言

平生一座城
遥想一段梦

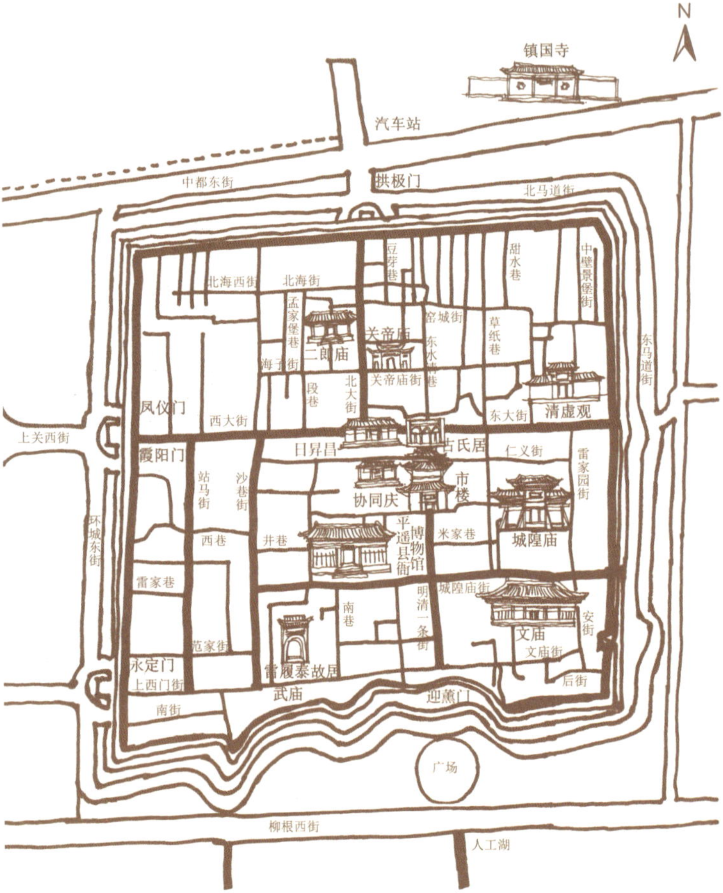

图一 平遥古城平面示意图（王子怡手绘）

平遥，是一座独一无二的城，不仅因为她的历史，更因为她的当下。

有人曾说：

平生一座城，

遥想一段梦。

仅仅十个字，便诗意地展现了每一个陌生人与平遥古城相遇时的那种震撼和初恋般的滋味。谁不想平生遇到一座这样的城？谁不想借助这样的城遥想一段梦？这梦里有千年的等待、百年的祈盼，它们伫立在岁月侵蚀的城墙头上，游移在风雨刮刻、车轨辐辏的青石板街道上，一阵轻风拂过，屋檐下的风铃摇曳，叮叮当当，随风飘荡，唤醒了梦中的人……

这就是平遥，一旦相遇，便能让人梦回萦绕的一座古城。

平遥古城是明清时期中国汉民族文化生活的典型遗存（图一）。四四方方的城墙，整整齐齐的街道，井然有序的营造空间，既盛满了古城内南大街的人声鼎沸，也飘荡着偏安一隅、在城墙角楼上随风飘摇的铃铛发出的悠远风铃声，触目的满是这座城市过往的记忆和我们熟悉或不熟悉的民俗、民风，在四季的变换流淌中坚守着不变的人间烟火。

明清时期，这座城市弦歌盈耳、商幌弥街。正如余秋雨在《文化苦旅》中写道：“街道并不宽，每个体面门庭的花岗岩门槛上都有两道很深的车辙印痕，可以想见当年这条街道上是如何车水马龙地热闹。这些车马来自全国各地乃至国境之外，驮载着金钱，驮载着风险，驮载着扬鞭千里的英武气，驮载着远方的风土人情和方言，驮载出一个南来北往经济血脉的大流畅。”

在那时，古城每日清晨的薄雾往往都是被车马的铃声和车夫的吆喝声打破的，它们交织在一起，唤醒了一派繁市富邑的兴盛景象，催生了“汇通天下”的票号，酝酿了晋商。财富、生意、银票……成为平遥人日常生活中不可或缺的元素，伴随着悠久的历史，孕育了一代代商界奇才，他们或性刚气烈、慷慨好义，或淳厚质朴、忧深思远，或高风峻节、勋名灿然，或腰缠万贯、风流倜傥，等等，都让这方土地变得厚重、变得多元。

千百年的岁月虽然转瞬即逝，但“车水马龙的热闹”却依旧不息，只不过被“驮载”来此的变成了海内外的游人，“驮载”出的是一座举世闻名的古城——平遥古城。这座城是中国古代县城的实物标本，是中华民族历史文化的载体，为我们留下了浩瀚的历史文化遗产。

名不正则言不顺。要认识平遥，就要对平遥的地名变迁进行一个简单的梳理。平遥之地，古为陶地，帝尧初封于此。为什么称其为“陶”呢？这是因帝尧被后人尊称为“陶神”，尧的繁体字“堯”，一字之中就有三个土字，而土又是制作陶器的原材料。你可不要小看陶器，它是中华文明发展史上的一个重要标志，是古人生活中须臾不可离开的物品。由此也可以看出，平遥有着悠久的历史，且因圣人而得名，有着颇为深厚的文化底蕴。

西周周宣王五年（前823），尹吉甫曾驻兵于此，修筑城垣，这是平遥古城最早的雏形。西汉时期，平遥县境内置京陵、中都二县，与平陶县并属太原郡。北魏始光元年（424），因避太武帝之名“焘”，改平陶为平遥，属太原郡。之所以改名为平遥，是因为“陶”的另一读音为“yāo”，故而取名“平遥”[1]，并移置京陵县境，遂废京陵入平遥县。隋开皇十六年（596），境内析置清世县；隋大业二年（606），废清世县，并入平遥县。此后，从唐代至今，“平遥”之名一直沿袭未变，至今已有 1400 多年的历史[2]。

1986 年 12 月 8 日，平遥古城被国务院公布为国家历史文化名城。1997 年 12 月 3 日，在意大利那不勒斯城，平遥区域的“一城两寺”（平遥古城、双林寺与镇国寺），被联合国教科文组织正式确定为“世界文化遗产”，列入《世界遗产名录》。教科文组织对平遥古城这样评价道：“平遥古城是中国汉民族城市在明清时期的杰出范例，平遥古城保存了其所有特征，而且在中国历史的发展中为人们展示了一幅非同寻常的文化、社会、经济及宗教发展的完整画卷。”

在这一幅非同寻常的、完整的画卷中，有三样稀世珍宝尤为突出，是每个来平遥旅游的人都要去寻觅的，它们被当地百姓誉为“平遥三宝”——平遥古城墙、双林寺与镇国寺（除此之外，“平遥三宝”也指平遥的三种特产：平遥牛肉、漆器、长山药。）。

平遥三宝个个非凡，在静谧而缓慢的时光中记录并承载了平遥人的生活与信仰，哺育了生于斯、长于斯的百姓，使得众生可以“男耕女织”“安其耕凿”。它们各有特点，分别浓缩与代表了一个时代甚至几个时代的杰出艺术成就，是当时官绅、百姓拥有的美好安定生活的“表征”，是对天地自然、众神与众生的情感依托。它们一个是明清以来城墙的典范之作，肩负着保佑一方安宁的重担；一个是宋、元、明、清彩塑艺术的宝库，栖居了几个时代的神灵与信仰；一个是五代以来遗留的木结构建筑杰作，在千年的四季轮回中，支撑起镇国寺的巍巍大殿。

在中国，“城”是我们共同的栖居之所，“寺”是我们的精神慰藉，在这两者之外，口头的传说与汉字所形成的“文化”，则是在我们心头搭建的“中国”。对此，余秋雨有着极为贴切的表达：“人们来寻景，更来寻诗……文人的魔力，竟能把偌大一个世界的生僻角落，变成人人心中的故乡。他们薄薄的青衫里，究竟藏着什么法术呢？”[3]

我是一块城砖，守护了古城千年

我来自三晋大地的黄土，自我诞生之后，就一直被安放在这座名叫“平遥”的古城之中，和我的兄弟们伴着泥土、稻草，手拉手地守护着这座古城。依稀记得，我刚刚来到这里时，她还不是一座城。

在匠人们一天天辛勤地砌筑中，这座城日渐成型。他们用素土夯筑墙身，分层铺设稻草为拉筋，外壁则由我们这些城砖并辅之以白灰包砌，顶部用青砖铺墁，向内设泄水渠道，共计构筑了6座城门及门楼、4座角楼、72座料敌楼、3000个垛口。据说这是按孔子三千弟子、七十二贤人来设计的。从此，我和我的兄弟们便被赋予了文化与重责，共享了中华民族所拥有的情感、知识、思想与经验，肩负着守护古城万家灯火的使命。

数百年过去了，我们经受着岁月的剥蚀、战火的洗礼以及被抛弃的“恐惧”。幸运的是，我们还在不断地被这座城内的人们修复着，坚强地延续着生命。而今，我依然守护着身后的这座城，感受着人们的生活气息……

古城墙：砖土砌筑的史诗

稀世之珍

别有洞天

史脉源流

平遥，作为一座城，它的历史是从城墙的修砌开始的。古人很早就意识到“自昔先王体国经野，御暴遏乱，必先谨其城隍，以贻万姓永世之利”[4]。也就是说，想要在一地安居乐业，进行有效的统治和管理，就必须先修筑城墙，以防战乱，保国安民。这是一项能给百姓带来永世之利的好事，也是治理一地的首要之事。对此，陈正祥曾指出：“城是中国文化的特殊产物，很突出的标志，构成了汉文化圈人文地理的独有景观。它在人类文化发展中占有重要的地位，在政治历史上曾起过巨大的作用。”

今天，无论你是谁，来自何方，到达平遥，第一眼看到的便是明清时期遗留下来的巍峨的古城墙、规整的料敌楼、精致的角楼以及高耸的城门楼，扑面而来的是时间浸泡过的沧桑气息。站于其间，仿佛在不知不觉间便穿越回了数百年前，看见了金戈铁马，看见了明清鼎沸……

稀世之珍——价值连城

这是一座“价值连城”的古城。

对于土生土长的“城里人”来说，这里是哺育他们的摇篮；对于山西一省而言，这里是让人自豪的世界文化遗产；对于中国一国而论，这里是“保存最为完整”的明清；对于世界而言，这里则是东方艺术的宝库，是窥视汉民族文化生活最理想的“门缝”。这里不仅属于世界，也属于我们每一个人。

当然，这一座城的诞生是从城墙开始的。毕竟，没有城墙的城，怎能称为城？没有城墙的城，又怎能留得住人，护得住这满城的烟火？

所以，城不仅是古代中国人生活的重要依托，也是封建社会稳固统治、开疆辟土的重要触角。中国传统社会的天下观，在某种意义上就是一座座城池的地理观。“茫茫禹迹，划分九州”，东南西北，山川河流，国家的运作，百姓的治理，都是依靠一座座城池来支撑与定位的。

城是中国古代社会的“交织点”，也是中国古代政治生活、社会生活与经济生活的摇篮。在那个时代，无论身处何地，每个中国人，他们自身乃至周遭百里范围内的众生都是围绕着城门的开与闭而作息的。他们在城中守时而居，凌晓即起，和面为食，经商为生，间有村农野老贩卖于道，商人子弟行走于四海，直至日薄西山、整榻为憩，谨守着自己平淡的日子。

在《说文解字》中，“城”是“盛”的通假字，“盛”的意思是纳民，所以“城”字的本义是筑土围民而成国，由此引出“城墙”一义[5]。在中国乃至世界，平遥古城之所以是独一无二的，不仅在于它的城墙及城墙内所留存的完整的街道、衙署、寺庙、民居以及地上地下的遗物、遗迹等（据统计，遗迹多达300余处，其中全国重点文物保护单位20处）组成的一个以古城为中心的文物群，而且还在于她完美地诠释了城的含义，实现了人与城的完美结合，至今依旧是一座活着的古城。

正如光绪版《平遥县志》所言：

利行人则非桥梁无以济其急，通商旅则非市集无以聚其货。他若坊表之立以资观感，坊里之分以定井疆。平虽蕞尔者区，而万家烟火郁郁葱葱，使莅斯邦者，望而知为富庶之乡。

这样，城与人的结合就生动、系统而入微地展示了明清以来中国汉民族的生活面貌。

平遥古城修建已逾千年，其间屡有修葺与扩建，砌满了时光的斑驳。据 1999 年中华书局版《平遥县志》记载，有明确修整记载的年份是明洪武三年（1370），这一年，明王朝建立不久，主政平遥的政府官员从西、北两面扩建城墙，对原先的夯土城垣进行了增高、加厚、包砖，奠定了古城的规模，加强了城墙的防御功能。明嘉靖四十一年（1562），明王朝已由鼎盛转向衰落，知县张稽古为抵御外敌，砌砖墙，更新了门楼。明隆庆三年（1569），知县岳维华增修敌台楼，俱用砖砌，六门外设吊桥，建城门（图一）。之后各代又陆陆续续增修瓮城，更新城楼，修葺城墙，补筑城垛，于四壕广植树木，城池日趋完善。清康熙四十二年（1703），因皇帝路经平遥，又重筑四面的大城楼，城池更加壮观。此后百余年间未加整修，致使“墙垣坍塌，敌楼倾圮，河桥填塞，几无影形”。清道光三十年（1850）至咸丰六年（1856），刘叙、万逢时等四任知县耗资十二万缗（一千文为一缗）

图一
明代平遥古城平面图
（图片来源：1999 年中华书局版《平遥县志》）

对其进行大整修，旧貌得以恢复，城池臻于完整，有了我们今天所见到的平遥古城的原貌。

俯瞰平遥古城，其城墙平面呈方形，东、西、北墙方直，南墙随古中都河道蜿蜒而筑，包括城门、瓮城、马墙、敌楼等。据测量，古城总面积 2.25 平方千米，周长 6162.68 米，墙底宽 8~12 米，墙顶宽 3~6 米，墙高 8~10 米。墙体的墙砖尺寸一般为 34 厘米 ×170 厘米 ×6.4 厘米，城垣为外包砖、内夯土，有 6 道城门，南北各一，东西各二。古人崇尚“天人合一”的理念，城市坐落之地的一水一石皆是建城不可或缺的元素。清康熙版平遥古城图显示，整个平遥古城以南门为头，北门作尾，东、西四门似龟腿屈伸。南门外路两旁各有一眼水井，恰似龟之双目。整座城池状如乌龟，故又俗称“龟城”。又据 1999 年中华书局版《平遥县志》记载，其城南原有一条中都河，古名原公水、路牛河，今称柳根河，源出南山，溶溶婉注，经南郊而汇入汾水。古城的东、西、北三面，地势平坦无依，唯城南地势高高隆起，宛如一只乌龟迫临中都河畔。所以，平遥民间素有“龟前戏水，山水朝阳，城之修建，依此为胜”之说。

别有洞天——文武双全

含而不露是中国古人智慧与艺术表达的一个突出特色。这一艺术手法最为得意之处，就是通过种种巧妙的暗示、贴合与象征赋予寻常所见之物以文化的意蕴，进而寄托古人对美好生活的祈盼。这在山西百姓的日常生活中，尤其是一些建筑物的装饰与构图中使用较多，如其多冠以历史人物、故事传说、梅兰竹菊、飞禽走兽、十二生肖、山水自然等。每一物、一人与一山一水，皆有不同的图案组合法，承载着古人“立德”“立功”与“立言”的心灵寄托，期冀在建筑物艺术化的表达中为主人的宅院驱邪避灾，使主人拥有福禄安康等。

试想，平遥古城可是一座周长达六千余米的城，而且还承担着安城护民的职司。我们该如何赋予它文化的气息呢？古人总是充满智慧的，在这样看似不可能完成的任务面前，他们赋予古城墙文武双全、坚若磐石的象征意义。

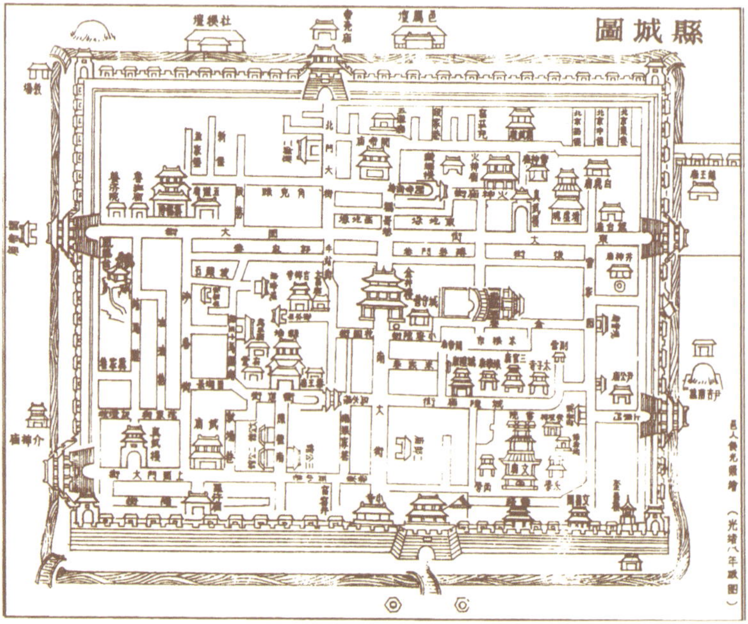

图二 清代平遥古城平面图
（图片来源：1999年中华书局版《平遥县志》）

你瞧，古人在城垣的 6 座城门上各建 1 座城楼，城垣四隅各筑 1 座角楼。四周建 71 座料敌楼，连同城墙东南隅的魁星楼，共 72 座，并修有 3000 个垛口。它们的修建，既扩大了视野，又增强了城墙的防御功能。除此之外，整个城墙、城门的形状又似“龟形”，而龟是中华民族祖先最早崇拜的图腾之一，被视为祥瑞之物。古城的设计师还特意为古城的 6 座城门各设计了一个外凸的瓮城，既能方便出入、保障安全，又用以象征灵龟的头尾和四肢。北门瓮城是龟之尾，与北门相对应的南门瓮城则是龟之首，在南门瓮城两侧还各有一眼水井，象征龟之双目。城内各条街道则是龟背的纹络。城之龟形，一方面是用“神龟”取吉祥之意，另一方面也隐含了城墙长存、坚如磐石、固若金汤之意（图二）。

城门与家家户户的生活密切相关，门的一启一闭，既归置了人们的生活，也定位了人们的空间认知。1851 年，刘叙接任知县，面对太平天国起义、清王朝统治的风雨飘摇之势，他组织工匠重新修缮了城墙，并采撷儒家经典文化，分别为 6 座城门取了典雅的名称：南门——

迎薰门、北门——拱极门、上西门——永定门、上东门——太和门、下西门——凤仪门、下东门——亲翰门。自此，6 座城门的雅号与俗称混用至今。

知县刘叙用文化的温度让古城的城墙不再冰冷，或多或少地丰富了城墙的记忆。在古城的东城墙中段有一座尹吉甫点将台，其上建有高真庙。尹吉甫是周宣王时期的一位大将，宣王继位后，他奉命率兵北伐猃狁，连战连捷，功勋卓著。《诗经·小雅·六月》言“文武吉甫，万邦为宪”，称赞他的文章和武艺都值得效法。后尹吉甫奉命屯兵镇守平遥之地，开始在这块土地上修筑城墙，训练士卒，守护一方安宁。此后的千年中，尹吉甫的故事一直被平遥民众代代相传。明朝中叶，人们为了纪念他，在他曾经点兵之处修建了点将台，期冀他能继续护佑一方平安。

尹吉甫是人间的武将，有了他的守候，平遥一地的繁华得以延续。不过，在这满城的繁华之中，人们却多喜于逐利，厌于读书。为了振兴古城的文运，人们又在南城墙处修建了文昌阁、魁星楼，并按时祭拜，敬畏与守望着华夏文明。

就这样，在“数”的巧妙安排下，城垣随地势起伏变化。人们将文化、历史与信仰一股脑儿地安置在城墙上，杂而不乱，多而不繁，井井有条，不仅体现了城墙的高耸坚固，而且还赋予古城墙独特的文化气息。

这一文化气息也浸润了修建城墙的砖石，它们在历史演进的脉络中衍生出独特的文化景观。你瞧，平遥古城的砖不仅在古城的修筑中起到了极为关键的作用，而且还深入到大街小巷，守护着城内的深宅大院，经能工巧匠之手，其中的一部分一改以往灰头土脸的形象，蜕去朴拙，成为精美的砖雕，处处透露着厚重文化与艺术的芬芳。砖雕被誉为建筑装饰的“三雕”之一（其他两雕为木雕、石雕），“一般来看，凡是建筑上的砖雕，都是手制安装的构件，是在工地或工棚里制作完成后安装到建筑物上的。凡是要进行雕刻的砖，都要预先特殊烧制，用于砖雕的砖的质量要求高，要求没有蜂窝、麻面，砖的质量要细腻，这样才合适”[6]，也唯有如此，才能承载艺术的刀斧。

相较于我们当下的住所，平遥古城的“宅”或“屋”更接近于人类理想的住所。它们不同于我们今天的“房”，而是拥有完备的居住系统，有庭有院，有树有景，是与山水草木极为亲近的，可以春听鸟声，夏听蝉声，秋听虫声，冬听雪声。这些房屋的建筑形式多为四合院，且多为“日”字形的二进院落，或“目”字形的三进院落，院墙高耸，唯有人入其内，方可见院内彰显主人富足与品位的雕梁画栋。因其建筑百分之七八十是由砖石构筑的，所以砖雕艺术的运用达到了极致，令人叹为观止。它们往往被安置于建筑物的显眼之处，雕刻内容有桃（仙桃为长寿的象征）、榴（石榴多籽，为多子的象征）、佛手（“佛”谐音“福”）、吉庆有余、连（莲结籽多，为多子象征）生贵子等。一块小小的砖，承载了古人理想的生活，以浓缩中华文明精髓的艺术手法彰显了古人的精神追求与对家庭的美好期许。

史脉源流——古城修建

罗哲文先生曾在题为《古城墙的意义及保护》的演讲中指出，中国的城墙数量多、质量高，是中国传统文化的一个重要特色，也是世界上任何一个文明古国都难以媲美的。

瑞典学者奥斯伍尔德·喜仁龙曾说：“中文里，‘城市’和‘城墙’这两个概念都是用‘城’这同一个词来表示，因为在中国不存在不带城墙的城市，正如没有屋顶的房子是无法想象的一样……墙垣确是中国城市最基本、最引人注目而又最坚固耐久的部分；并且，除了省城和县城，中国的每一个居民区，甚至小镇和村落，都筑有城垣。”[7]他在中国考察时发现中国北方几乎每一处村落、草房、马厩乃至庙宇，无论规模大小、历史长短、地理位置偏僻与否，总能看见格外引人注目的城垣。

这些城垣之所以如此引人注目、如此坚固，其密码就隐藏在它们的修建过程之中。在中国，古城墙的修建离不开两样物什——砖和土。平遥古城墙的修筑使用了大量砖和泥土，以至于 1949 年后想要拆除它也是一个巨大的经济负担，反而使古城墙得以保留下来。

造砖，其实质就是炼泥。《天工开物》（图三）这样记载道：

凡埏泥造砖，亦堀地验辨土色，或蓝、或白、或红、或黄，皆以粘而不散，粉而不沙者为上。汲水滋土，人逐数牛错趾，踏成稠泥，然后填满木匡之中，铁线弓戛平其面，而成坯形[8]。

据此，我们不难看出，当时已有十分成熟的选土流程。平遥城内的工匠们为了烧制墙砖，第一步便是去周边区域寻找适合的土壤——黏土，这种土须黏而不散，呈细粉状，含的沙粒越少，土质越好。1999 年中华书局版《平遥县志》记载平遥地区砖瓦所使用的黏土“主要产于第四系黄土，资源丰富，分布广泛，适宜露采。本县砖瓦黏土从南至北逐渐由厚变薄，汾河两岸最薄，仅有 0.1~0.5 米，南部边山丘陵地区最厚处可达几十米，是砖瓦优质原料”[9]。

借助这样得天独厚的自然条件，工匠们可以很容易获得所需的黏土。一般来说，他们会先将土开采出来，推成土堆，让其经受日晒雨淋的打磨，使得土壤中的颗粒分解，硬块消除，然后再细细地

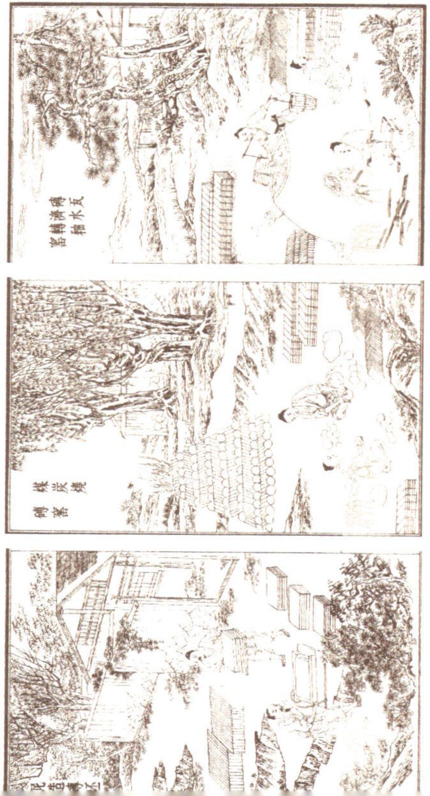

图三
烧砖工艺流程图
（图片来源：宋应星著《天工开物》）

筛一遍，从而得到细土。

据《天工开物》的记载，有了土之后，接下来的第二步就是将其炼制成泥。炼泥之名，重在“炼”字，古语有“千锤百炼”之说，此处之“炼”虽非火烧，但也确是“千锤”，是泥土与水在压力碰撞下的奏鸣曲。此时，工匠们会将第一步得到的细土用水浸润过滤后获得泥浆，然后或赶牛马，或用人力，在捞出的泥浆上反复踩踏，以使泥质逐渐均匀，直至将其踩成稠泥，把空气等杂质排除于外，最后才能使泥土富有黏性。

其后，就到了第三步的“制坯”了。工匠们将稠泥填满早已做好的城砖模子，然后再用铁线弓等刮平表面，倒过来轻轻一扣，就是一块城砖的砖坯。砖坯晾晒干燥以后，只有经受第四步——“炉火”的考验，才能称其为“砖”。

古时，人们在经过千百次的试验后，总结出了城砖烧制的规律。他们发现，若一座窑装三千斤城砖，则需要用火烧制一昼夜；若装六千斤城砖，则要用双倍的时间烧制，即烧制两昼夜才够火候，且烧砖所用的燃料不同，砖也会呈现出不同的色泽。譬如，用柴烧制的砖会呈现青黑色，用煤炭[10]烧制的砖块则会呈浅白色，这一发现为砖的烧造提供了多种可能，也催生了不同色泽、品种的砖，丰富了古代建筑物的视觉呈现形式。

在没有精密仪器的情况下，烧窑是一个十分考验经验的活计。如果火力控制不好，少一成，砖的成品会没有色泽；少三成，就成了“嫩火砖”，显出坯土本来的颜色，日后一受风雨侵蚀，就会松散，变回泥。而如果火力多一成，砖面就会有裂纹；多三成，砖就会缩裂，弯曲不直，无法砌墙了[11]。可见，在缺乏精准测量仪器的情况下，经验极为重要。

在烧制即将完成之际，还有最后一道工序，叫“转釉”。转釉是将水泼在砖窑外层。据《天工开物》记载，每三千斤砖需用四十担水。水遇高温，迅速减少窑内的空气，水与火的碰撞发生奇妙的化学反应，最终便造就了坚固耐用的城砖（图四）。

烧制城砖的成本并不低，所以，在最初的时候，受限于地方经济发展水平，很多区域的城墙都是由土夯筑而成的。平遥地处山西腹地，自古以来就是一个小县，其经济发展水平在明代才有所起步，但尚不富裕。因此，平遥的知县殷进仁在主政平遥期间，于洪武三年（1370）

图四 「平遥城砖 1979」砖铭

对元代所遗留的平遥旧城进行了扩建、改造，但为了节约成本，采用的是内里以夯土为核心、外墙包青砖的垒砌建筑方法。

据考证，夯土工艺最早产生于仰韶文化时期，在春秋时发展成熟，并诞生了版筑技术等工艺。具体的做法是："在城墙墙基处挖掘比墙基稍宽、深约 1.5 ~ 2.5 米的基槽，将调好湿度的泥土一层一层地铺在里面，每一层都用夯石或者木杵夯打结实。地面以上的部分则在墙的两侧一层一层地架设木夹板，铺土、夯筑，渐次上升，也渐次变窄，每个夯层上都会留下明显的夯窝，建成后的城墙横断面是梯形的。"[12] 最终，此次扩建、改造奠定了平遥古城的格局和整体形貌（图五）。

明代扩建、改筑后的城墙增加了"马面"，并在马面上建有敌楼，既可以屯兵和瞭望，又可以储藏武器，使城墙的防御性能发展到最高点。之所以起名马面，是因为其外观狭长如马面，也称敌台、墩台、墙台。它与城墙互为犄角，有利于消除城下死角。也有人说是因为其高度正好约等于马的一般高度（图六）。据测量，古

图五

图六 | 图七

图五 内侧城墙的夯土层

图六 古城墙上的敌楼与马面

图七 古城墙的排水系统

城墙上的垛口长 1.39 米，上部施 3 层檐砖，中部有高 25 厘米、宽 17.7 厘米的瞭望孔。垛堞间垛口宽 53 厘米。内檐墙头的高度仅 60 厘米，以青砖海墁。城墙上的排水口为砖砌的排水沟道（图七），以防止水侵蚀夯土层。

不知细心的读者读到这里时是否会发现一个问题，即为什么城墙上的排水口要开向城内而不开向城外呢？这其实跟山西地区的民俗和气候不可分割。晋中地区的人们认为水是财富的代表，即所谓“遇水则发”，而财当然不能外流，故在设计时，使水排往城内的“马道”，起到聚财的作用。

当然，仅有砖石，一座城还是不完整的，它还需要护城河的护佑。平遥古城城垣外挖筑的护城河始为“深广各一丈”，后又“复掘堑深阔三丈”，即深、宽各达 3.3 米。护城河遇雨积水，旱时干枯，沿壕植槐、柳。各城门外壕沟上设吊桥，昼放夜起。城门内外皆用条石铺墁，内筑马道斜坡，守城将官可骑马直登城墙顶上。

翻阅史籍，我们可以发现，明、清两代对平遥古城城墙影响最为深刻，也是古城城墙规模形成与稳固的时期。其间，古城的城墙共历经了 27 次修葺（表一）。

当代，平遥古城的修缮是从 1979 年开始的。是年，国家特地拨款修缮古城城墙、双林寺、镇国寺。其后，陆续对古城内外的文物古迹进行了大规模的修缮。

当然，要认知古城全长约 6163 米、高 12 米的城墙，你不妨走到它的身边，于摩挲中倾听它的故事……

表一　明清时期平遥城墙历次修缮表

年号及时间	主持人	修缮项目
明洪武三年（1370）	知县　殷进仁	重筑城墙，周围12里8分4厘，高3丈2尺，壕深1丈；门6座；后筑敌台窝铺40座
景泰元年（1450）	知县　萧某	重修
正德四年（1509）		修下东门瓮城，筑附郭关城一面（东关）
嘉靖十九年（1540）	举人　雷洁 监生　任良翰	嘉靖十三年河水冲毁东北城角，十九年督率修完
嘉靖三十一年（1552）	知县　沈振	修西北二面，厚7尺，高6尺；筑北瓮城
嘉靖四十年（1561）	沁州同知署县 吕光卿	南城增高6尺
嘉靖四十一年（1562）	知县　张稽古 监生　任良翰	砌砖墙，更新门楼、竖匾
隆庆三年（1569）	知县　岳维华	增设台楼94座，俱用砖砌；六门外创建吊桥
万历三年（1575）	知县　孟一脉	用砖石包城四面
万历五年（1577）	知县　董九仞	广植树木于四壕，修葺圮坏处
万历二十三年（1595）	知县　周之度	修筑东西瓮城3座，皆以砖石筑（上东门外存石碣）
清康熙二十三年（1684）	知县　黄汝钰	捐俸补修城墙长25丈，城垛123堞
康熙三十五年（1696）	知县　王杰	补修南门瓮城2丈
康熙三十六年（1697）	知县　王杰	补修下东门北外城小楼1座，上东门外南城墙5丈
康熙三十七年（1698）	知县　王杰	补修北城墙4丈余
康熙三十九年（1700）	知县　王绶	补修北城墙2丈余
康熙四十年（1701）	知县　王绶	补修上东门瓮城
康熙四十一年（1702）	知县　王绶	补修北西城墙2丈余，城楼1座
康熙四十二年（1703）	知县　王绶	补修北西城墙20丈余
康熙四十三年（1704）	知县　王绶	补修南外城35丈
康熙四十四年（1705）	知县　王绶	补修上东门门楼及门洞
康熙四十五年（1706）	知县　王绶	沿壕植杨柳
道光三十年（1850）	知县　刘叙	补修东西北5门，加高南门数尺，四隅敌楼高宽之，其余照旧数重建；环城挖壕加宽
咸丰元年至六年（1851—1856）	知县　万逢时	砌石桥7道，下西门外修水闸1道，各城外置灰场1处，沿壕植杨柳，始末6年
同治六年（1867）	知县　姚景元	六门上增建炮台各1座，每置大炮3尊
同治十二年（1873）	知县　汪守正	西城士民捐资疏城壕
光绪六年（1880）	知县　锡良	北城士民捐资疏北城壕

资料来源：平遥县地方志编纂委员会．平遥县志．北京：中华书局，1999：307-308.

佛前的祈祷者　双林寺里的供养人

我叫牛普林，她叫冯妙喜，我们是双林寺千佛殿里的供养人。近千年过去了，我们和其他29位供养人一起，在佛前静静地祈祷，为着时空中的我们，为着生活在这片土地上的你们。

这座寺庙，是一座“众神与众生”共同栖居的场所，保存与接纳了自元至明清各个时代的佛、菩萨、罗汉、金刚、侍女及动物等彩塑2000余尊，是中国古代彩雕造像最为精华的所在地之一，让每一个深入其内的人无不仰望与动容，被称为“东方彩塑艺术的宝库”。

双林寺：东方彩塑的艺术殿堂

稀世之珍

别有洞天

史脉源流

在凡间行走的故事

双林寺原名中都寺，位于平遥古城西南6千米处，坐北朝南，占地面积约1.7万平方米。寺院分东、西两部分，禅院、僧舍在东，寺院殿宇居西。寺内现有11座明清建筑遗构，建筑面积达3711平方米，藏有2000余尊彩塑，时代涵盖元至民国各个时期（图一）。

双林寺始建年代已无考，寺内尚存唐槐，据考证至迟应在北魏时期就以“中都寺”之名而存在。现存的北宋大中祥符四年（1011）“大宋姑姑之碑”（下面简称“姑姑碑”）记载：“寺□垣传于古迹中都城者，始自大齐武平年代之前，重修寺于武平二年（571），立于中都城之东上门镇（今平遥达蒲乡桥头村）也。当年寻远，特赦□赐中都寺牌额，为铭碣院记，充亿古不朽之名，立万劫津栋之号。”那么，这块碑为什么不直接叫“重修中都寺碑”，而起了“姑姑碑”这么个奇怪的名字呢？这是因为宋代入住这里的是尼姑，她们通过化缘，对寺庙进行修缮，栽花艺竹，故而留下了这个很有标志性的名字。

姑姑碑中记载的“古迹中都城者”，是说平遥古称中都，寺因地而名“中都寺”。平遥作为一个小县城，历史上何以能称“都”呢？这其实与汉高祖刘邦分封诸侯王有关。据《汉书·地理志》

图一 双林寺牌坊

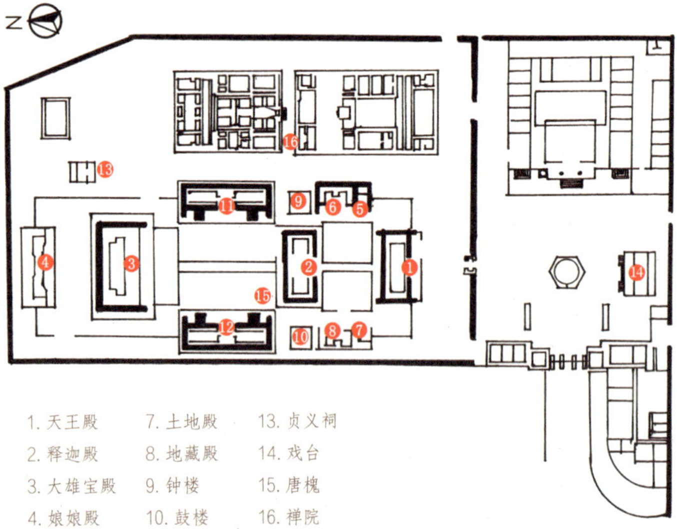

1. 天王殿
2. 释迦殿
3. 大雄宝殿
4. 娘娘殿
5. 伽蓝殿
6. 罗汉殿
7. 土地殿
8. 地藏殿
9. 钟楼
10. 鼓楼
11. 千佛殿
12. 菩萨殿
13. 贞义祠
14. 戏台
15. 唐槐
16. 禅院

图二
双林寺整体平面复原图（王子怡手绘）

记载，太原郡下设中都郡。《史记·高祖本纪》记载“分赵山北，立子恒以为代王，都晋阳”，又《史记·孝文本纪》载“高祖十一年春，已破陈豨军，定代地，立为代王，都中都”。即刘邦第四子刘恒曾从晋阳迁代国国都于中都之地，所以，中都县得以去“县”称“中都”。刘恒在代地生活了十五年左右，后入主长安，成为开启我国历史上著名的“文景之治”的汉文帝。其后，汉景帝削藩，汉武帝实施推恩令，封建的藩国势力逐渐被消灭，中都被改为“中都邑”。其后的岁月中，这里的建制不断变更，在北魏年间被裁撤合并到他处，寺名仍叫“中都寺”显然不合时宜了。宋代时，当地人取佛经《大般涅槃经后分》中释迦牟尼逝世时的场景“双林入灭”之意，将它改为双林寺[13]。又因其靠近冀壁堡，民间也俗称其为“冀壁寺”。1988 年，双林寺被公布为全国重点文物保护单位（图二、图三）

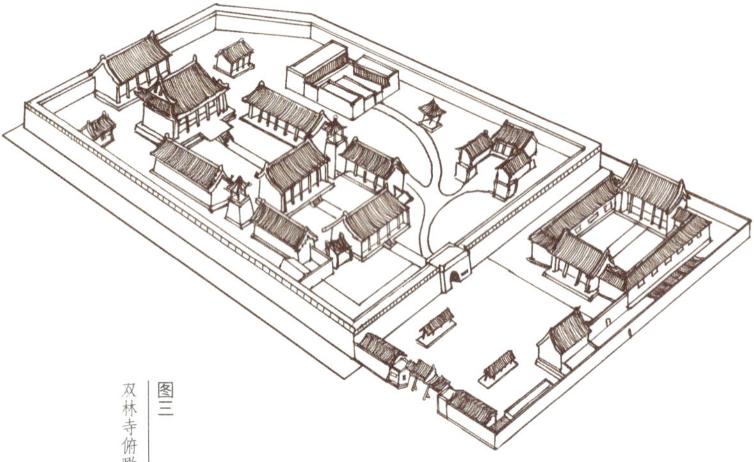

图三
双林寺俯瞰复原图（王子怡手绘）

稀世之珍——彩塑的殿堂

曾有人说，如果要问中国的艺术珍品大多珍藏在什么地方，答案除了大内皇宫之外便是各类寺庙。产生这一现象的原因，也许就是两者分别为世俗的中心和神界的中心。大内皇宫是封建帝王的居所，自然是天下精华的所在，它们或被搜罗而至，或作为“贡品”进贡以娱帝王，以昭“普天之下，莫非王土；率土之滨，莫非王臣”；不同于世俗间只有一个中心，神界的中心则遍布世间，但凡是有信仰的人群，少者几户，多者几城，甚或一国，便会聚资建寺兴庙，将他们信仰的神灵迁居于世俗之中。也许这便是民间社会“无庙不成村”这一俗语的生动折射吧。

在世俗社会中，相较于对皇权的“低头”，人们对寺庙则常常“抬头”，因为这里供奉着神灵。人们将神灵塑以为像，让其能常驻人间，使民众可以通过“仰望”而获得神灵的“注视”，并将自己对于美好生活的祈盼

图四

图六　图五

图七

释迦殿内的释迦牟尼佛像

图五 释迦殿内的文殊菩萨

图六 释迦殿内的普贤菩萨

图七 释迦殿内的悬塑

图八—图九

图八
千佛殿内的悬塑（局部）

图九
千佛殿内的悬塑（局部）

图一〇—图一一
图一二

图一〇 菩萨殿内的悬塑

图一一 菩萨殿内的悬塑

图一二 菩萨殿内的千手观音彩塑

图一三
菩萨殿内千手观音右侧的胁侍菩萨

图一四
菩萨殿内千手观音左侧的胁侍菩萨

图一三 — 图一四

寄托于神灵身上，希望神灵可以将这些美好赋予自身。所以，人们尽其所能，在塑神造像之时，不断赋予艺术以“极致”的追求，不然，何以让美好的化身——神灵栖身，以安放世间的诉求与仰望？这也是我们通常所说的“伟大的艺术和哲学，莫不是在最贴近神性的心灵中产生”[14]的原因所在。

双林寺就是这样一座杰出的艺术殿堂。其内彩塑作品有佛、菩萨、天王、罗汉、金刚、力士、供养人及珍禽异兽、山水花木等，“形象优美，气韵生动，大者丈余，小者尺许，共计 2052 尊，尚存完好者 1566 尊。以其数量之多、构思之巧、技艺之精，令人叹为观止，确属元明彩塑之精品。寺内各殿皆有壁画，共计 796 平方米，多为明代作品”[15]。曾有人做过统计，认为山西是目前中国现存古代彩塑最多的省份，在该地区的历代寺庙中，现存有 13000 余尊古代彩绘泥塑[16]，“历经唐至明清不同朝代，其遗存数量之多、时间跨度之长、艺术水平之精、题材涉猎之广，在我国中原地区是绝无仅有的”[17]。地处平遥的双林寺就是其中最精华的部分之一。仰望其像，

图一五

图一六 图一七

图一五 大雄宝殿内的释迦牟尼及胁侍菩萨

图一六 大雄宝殿内的左胁侍菩萨

图一七 大雄宝殿内的右胁侍菩萨

可使“悍夫瞻而色柔，童子睹而意肃。生则倾产奉施之，死则举族哀祈之”。

1990年10月，双林寺被联合国人类居住中心的专家称为“世界珍宝”“真正的、独一无二的珍宝”[18]。《中国雕塑史》一书更是夸赞道：“如果说有什么能为日趋衰败的明代雕塑增添一抹亮色的话，那非平遥县的双林寺莫属，它出色地继承了唐、宋、金、元雕塑艺术的优秀之处，取精去粗，风格上高度写实，手法上严谨秀丽，有着生机勃勃的内在活力，其艺术魅力穿越时空感人至深。”[19]

在双林寺的中轴线上，自南向北共有四进院落，依次是山门、天王殿、释迦殿（图四—图七）、大雄宝殿和娘娘殿。前院两厢为罗汉殿、武圣殿、土地殿。释迦殿左右是钟、鼓二楼。中院东、西厢分别是千佛殿（图八、图九）、菩萨殿（图一〇—图一四）。在通向后院大雄宝殿的东北侧还有一座贞义祠。天王殿是一座明代建筑，面阔五间，进深三间，单檐悬山顶。屋顶琉璃正脊浮雕龙串富贵，垂脊雕缠枝莲，脊刹上刻有“弘治十二年八月二十六日”字样，定格与标识着修建的年代。这些布局有序的建筑，静静地守护着双林寺内的两千余尊彩塑，为

图一八—图一九

图一八 罗汉殿内的罗汉像

图一九 罗汉殿内的罗汉像

图二〇—图二一

图二〇 地藏殿内的判官

图二一 地藏王菩萨

它们遮风挡雨、提供安身之所。

彩塑作为佛教艺术的重要组成部分，在佛教走向世俗化的历程中扮演了极为重要的角色，是神与人之间沟通的桥梁。彩塑既是神灵在世俗间的载体，又是民众对神灵神性的拟人化想象；既是民众祈求、跪拜的对象，又是工匠捏塑、描绘的艺术品；既是高坐于神坛之上、超然于人间的缥缈存在，又离不开世人的供养。这也许便是很多来此参观的人评价双林寺的彩塑“具有浓重生活趣味”“有着生机勃勃的内在活力”的原因吧。历史学家侯外庐就曾在《双林寺记游感》中写道：“攒眉怒目四金刚，龙女扶持大士旁，都是世间真实相，人情物态此中藏。”

艺术的魅力有时就是在看似不可能、看似矛盾的地方创造出可能，突破人们的想象，超越人们的认知。双林寺精美绝伦的彩塑艺术作品就对这些看似矛盾却又不可分割的神性与世俗性进行了极为巧妙的结合。工匠们通过对佛像、壁画等艺术载体的世俗化表达，向世人展示了从世俗通往超凡入圣的神性世界之路——行善向德、一心向佛，让人们可以在佛国世界中寻找到现实生活的影子，寻觅到佛、菩萨、金刚、罗汉作为凡人的过往和成佛之路，进而感化自我。

为了形象地言说，也为了表达自身对佛教信仰的虔诚，工匠们在双林寺中极力地填放着彩塑作品，一切用彩塑来说话。你瞧，双林寺不大的建筑空间内却栖居了两千余尊彩塑，大雄宝殿有三身佛、文殊菩萨等（图一五—图一七），佛母殿有送子娘娘像，罗汉殿有观音及十八罗汉像（图一八、图一九），地藏殿有地藏王菩萨、十殿阎君及六曹判官（图二〇、图二一），千佛殿有二十六臂千手观音、诸菩萨，伽蓝殿有关羽像等，林林总总，神凡共处。按其 3711 平方米的建筑面积来计算，可供每尊彩塑使用的面积仅有 0.54 平方米，这中间还包括厅堂等必备的礼佛空间及作为彩塑装饰的楼台亭榭、山水草木等背景。

显然，要合理地安排这些数量繁多的彩塑，让其“和谐相处”，是一个十分考究的活计。对此，双林寺的工匠们选择了根据空间的大小对塑像进行“适当尺寸”的呈现的方式，大者有天王殿外的四大金刚，高度近 3 米，小者如菩萨殿内的众多胁侍菩萨，仅 4 厘米左右。同时，还充分利用空间态势，大规模、大范围地使用悬塑、壁塑的方法，如释迦殿、武圣殿、千佛殿、菩萨殿内皆有悬塑。这样做，一方面巧妙地安放了众神，另一方面又装饰了殿内空间。正如一些学者所评价的：“在千佛殿和菩萨殿群体造像中，以悬塑和彩塑相互结合的表现形式，场面恢弘，人物形态生动，变化丰富，相互呼应，营造出轰轰烈烈的佛国世界，是寺庙彩塑中的特有立体画面……寺庙中的宗教造像，是我国传统雕塑艺术集中展示的最好代表。多姿多彩的人物形象，已经不再局限于宗教的范围了，从十六罗汉，到十八罗汉、四十罗汉以至五百罗汉，人们喜欢这热热闹闹的生动画面，从中探求各自熟悉的影子。”[20]

别有洞天——别样的神祇

双林寺是一个“热闹非凡”的世界，神灵与人和谐共存，共同承载了周边百姓近千年的信仰变迁。

在这里，普普通通的泥土，经能工巧匠的双手加工后，便被赋予别样的魅力。工匠们在色彩与造型之间展露了杰出的想象力和艺术成就，创造了一个别样的“国度”。

守望的眼神

当你走过山门，踏入双林寺后，无论处于什么位置，总感觉有一双双眼睛在注视着你。这种紧紧跟随的目光是天王殿外四大金刚的“注视”。四大金刚栖居于悬挂有“天竺胜境”匾额的天王殿殿外屋檐下（图二二、图二三），身高 3 米左右，面部圆润，上身微微赤裸，衣缠于腰，或坐或立，给人一种拔山举鼎之势。古代匠人赋予金刚“神奇的眼睛”，而这一双双眼睛似乎在诉说着守护双林寺的责任。

图二二
图二三

图二二 天王殿及四大金刚

图二三 天王殿前的四大金刚塑像

其实，原本在双林寺，与四大金刚共同守护山门的还有一位名叫韦驮的护法（图二四），后被移入千佛殿之中。据传，释迦牟尼“双林入灭”之后，邪魔将佛的遗骨偷走，幸得韦驮及时赶到，才将遗骨追回。因此，佛教便将他视为驱除邪魔、保护佛法的天神。在宋代时，寺庙中就已开始供奉韦驮了，人们称其为韦驮菩萨，希冀他可以护持佛法、护助出家人。

千佛殿中的这尊韦驮像，浓眉大眼，表情肃穆，身形健硕。他用左腿支撑全身，右腿微微向前曲倾，头部和上半身似在右转，但眼睛却直视着左前方。一左一右的身体方向反差，再配以环绕全身的那一条飘带，使得韦驮呈现出“S”感极强的身姿。那“迎风而动”的飘带、活灵活现的眼神、健硕有力的身姿，都成为韦驮“不动而动”的神来之笔。正如法国雕塑家罗丹所言：“没有生命便没有艺术。”“在我们的艺术中，生命的幻象是由于好的雕塑和运动得到的。《罗丹艺术论》第四章也解释雕塑的运动感说：‘所谓运动’是从一个姿态到另外一个姿态的转变。”[21]也有人评价道：“他的头部特别注重立体感，体积深厚，坚实有力，而脸庞上又流露出智慧和机敏。他就是儒家文明的象征。”[22]这尊韦驮像是双林寺的镇馆之宝，也被誉为“全国韦驮之最”，

图一四

千佛殿内供奉的韦驮彩塑

是人们公认的全国韦驮塑像中少有的经典、传神之作。

韦驮全身上下共有 18 只眼睛，分布于帽子、面部、肩膀、腹部、腰带间、腿、脚等部位。为什么会有这么多眼睛呢？正如上文所说，在佛国世界，韦驮是一位重要的护法神，承担着守护的重责，既要驱除妖魔，又要保护出家人、护持佛法，自然需要眼观八方。细细观之，可以发现其眼眶中的眼珠向左转动，而身体却向右转动，两者的逆向而动，使塑像平添了一份气韵，配合前面提到的“S”感身姿，让韦驮显得活灵活现。据考证，双林寺的韦驮像原在天王殿的后侧[23]，后因各种原因迁入千佛殿中，直至今天。

在古代的寺院中，韦驮除了承担守护的责任外，还是迎客与否的重要标志。韦驮像一般安置于寺庙前端，因此，寺庙便巧妙地利用韦驮所持的兵器——杵，向云游到此的僧人说明寺庙的待客之道。一般而言，若韦驮手中的杵杵尖朝上，则表示这个寺庙是个大庙，可以招待云游到此的僧人免费吃住三天；如果手里的杵平举，则暗示可以招待一天；若是杵尖朝下，说明该寺是个小寺，无力接待云游到此的僧人。可惜，双林寺中韦驮手中所持的杵在历史的某个瞬间离开了韦驮，没有留存下来。

四大金刚、韦驮的“眼神”是为了守护寺庙，这是他们的职责，也是他们对双林寺千年的“守望”。当然，你若仔细观察，就会发现，双林寺中还有很多佛像的眼睛也活灵活现，充满灵性。如地藏殿内的主像地藏王菩萨两边侍立的二胁侍，分别是他的大弟子闵公和尚与道明和尚（图二五、图二六），依据“左为上，右为下”的规则，立于地藏王两旁。立于右侧的闵公和尚留有胡须，年岁大些，他的眼睛看着左边的“大师兄”道明和尚，神情中满是“不好意思”。这是怎么一回事？据说，闵公、道明本是一对父子，他们的原名是闵让和、闵志，世居九华山，拥有大片土地。闵公乐善好施，经常修桥补路、行医送药、兴建义学，造福一方百姓，人们都尊称他为“闵公”。一日，地藏王来此云游，闵公亲自接待。地藏王谈及自己想向闵公借九华山一块袈裟大小之地来落脚，闵公欣然应允。不料，地藏王将袈裟一脱一抖，竟罩住了整个九华山九十九座山峰。闵公知道自己遇到了贵人，便将整座九华山相送，从此九华山就成了地藏王菩萨的道场，至今香火不断。但其子道明先于闵公出家，佛家

图二五　地藏殿内的闵公彩塑

图二六　地藏殿内的道明彩塑

讲究先者为师，于是闵公见了儿子也得称呼一声师兄。所以，他的眼神中才透露着那么一丝不好意思，而后赧然一笑。

伽蓝殿中的关圣人

双林寺的伽蓝殿供奉的是关羽（图二七）。关羽作为三国时期的一员武将，又是如何被纳入佛门的？为什么又称其殿为伽蓝殿呢？关羽，字云长，生于山西运城解州，以“忠、义、仁、勇”四德而出名。目前，最大的关帝庙就在山西运城解州镇。其实，关羽祭祀在华人圈中范围极广，不夸张地说，有华人的地方，就有关羽祭祀，而且涉及儒、释、道三教。如一副对联所称：“汉封侯，宋封王，明封大帝；儒称圣，释称佛，道称天尊。”[24]传统社会的平遥地方百姓认为“帝君（关羽）义昭今古，福庇生灵，赫赫明明，我国家实攸赖之。故上自京畿，下达郡邑以及僻壤穷乡莫不立庙以祀，其祀之者愈久而愈生其恪恭也”[25]。

伽蓝是佛教中的守护神。关羽在隋以前与佛教并无

图二七
伽蓝殿内的关羽彩塑素描图（王子怡手绘）

关联，之所以被佛教引入，与天台宗的智者大师不可分割，也是佛教中国化的重要体现之一。智者大师俗姓陈，生于梁武帝大同四年（538），十八岁出家，二十岁开始学习戒律、仪轨。他勤奋研经，佛法日益精进，直至“观慧无碍，禅门不壅”，外出讲经，渐渐声誉大振。

一日，智者大师来到湖北当阳修身养性，夜晚入定，突然见关羽与其子关平前来入梦。原来关羽被杀后，因未能完成匡扶刘备一统天下的心愿，心有愧疚，一直滞留在此地，见智者大师来此修行，便主动为其护持佛法，结果在聆听智者大师讲经的过程中被感化，从而“求受戒品”，皈依了佛门。自此，智者大师的天台宗寺院一派便将关羽作为配祀神灵引入寺庙之中。其后，各大寺院纷纷效仿。“渐渐地，这位千余年来极受国人敬重的英雄人物——关羽被捧成伽蓝菩萨，跟韦驮菩萨并称，成为中国佛教寺院的两大护法神。后来，有人把关羽的生日当成伽蓝菩萨的圣诞。有部分佛寺还专门为此举行佛事以示纪念，有少数佛寺还为关羽建了‘伏魔殿’”[26]。

千佛殿内的供养人

金刚、韦驮是佛教在神灵空间的守护者，而千佛殿内的供养人，则是佛教在俗世间的守护者。供养人，即佛教所谓的施主、功德主，他们在日常生活中虔诚礼佛，向寺庙施舍，捐献香花、灯油、饮食以及资财等，维系了寺庙的正常运作和僧人的生活。其中，出资塑造佛像又往往被视为佛门中很大的功德，因为只有佛像、寺庙存在，佛法才能有世俗的栖身之所，佛教也才能得以弘扬。佛教信众认为，只有布施得越虔诚，佛才越容易被感动，进而才能在现世和来世得到佛祖的护佑。同样，佛寺对供养人也是极为重视的，不仅通过刻碑、绘图或塑像的方式使其“入寺”，以铭记其功德，而且还会为其诵经，以祈福祛灾。正是在“信”与“养”的互动中，佛教信仰才能绵延至今。

双林寺内的供养人塑像均位于千佛殿前檐窗台下，有30余尊，是生活在明代的平遥供养人的真实映射（图二八）。他们有着不同的气质与形态，在修缮双林寺时，被当时的工匠定格在了千佛殿之中，在历史时空中守候了五百年，与现在的我们相会。其中，与真人一般大小的供养人塑像有两尊，其背后以

图二八
千佛殿内的供养人塑像

墨书写他们的名字，男的叫牛普林，女的名冯妙喜（图二九、图三〇）。

“牛普林脸形饱满，神态憨厚，额上皱纹突出，眼神十分和善，让人感到他的确是一个心地善良开朗、为人忠厚质朴的佛教门徒。冯妙喜的表情似有所思，眉头微皱，面带愁容，更加虔诚”[27]。他们静静地在佛前祈祷着，目不斜视，不为旁人的出入所打扰，是那么的安静与专注。每当目光落在他们的身上时，一种视觉上的冲击与精神上的濡染便扑面而来。他们就这样在静谧的时光中与佛共处一殿，双手合十，跪在时光中，永远向佛祈祷着……其他的供养人则虔诚地伫立于殿中静心礼佛（图三一、图三二）。

因为他们是历史上真实存在的过往，所以更具有故事性，更加刺激我们的灵魂与想象。虽然他们仅仅只是一尊尊泥塑，一个个在他们那个时代兴许卑微的个体，但作为人所共有的生命感，我们总是不由得对他们产生好奇与敬畏。他们是谁？他们那个时代的生活如何？他们静静地伫立在那里，阳光从窗棂中照射进来，洒落在他们身上，那衣衫仿若触光而动，下一刻，他们似乎就会“活”过来了，仿若时光倒流，瞬间，人们仿佛回到

图二九
图三〇

图二九 千佛殿内的供养人塑像（牛普林）

图三〇 千佛殿内的供养人塑像（冯妙喜）

图三一 娘娘殿内的明代彩塑（一）

图三二 娘娘殿内的明代彩塑（二）

五百年前大明朝的双林寺中，寺内人声鼎沸，工匠们动听的敲击声、和泥的吆喝声，声声入耳，进进出出的男女信徒穿梭着，为工匠们分发饭食的牛普林、冯妙喜忙碌着。刹那间，一切又都回到眼前的现实，繁华落尽，光阴静好。

不同于双林寺中的佛国世界，他们是凡人，是大明朝某一瞬间的剪影，是工匠们的写实作品，所以浑身散发着大明朝的烟火味。古语有言“闻一知十”“以微知著”，仔细揣摩这些供养人的体态、服饰、面貌、发型及其他微小的细节，我们便能感知大明朝百姓的衣食住行、喜怒哀乐，进而以他们为媒介，透过他们的“个人生活”，步入一个广阔且充满变量的大明朝公共生活领域中，打捞其中别具意义的社会文化，这也是双林寺最珍贵的“历史碎片”。

离人更近的神祇

双林寺中的立像、壁塑、悬塑繁多，却没有完全相同的两尊。他们不仅造型各异，而且还打破常规，给予我们“不一般”的感觉。比如观音像，双林寺中就有渡海观音、自在观音、千手观音等，他们虽千姿百态，但全都高雅素洁、仙气绕身。其中，供养人捐建的千佛殿主像——自在观音最为特别（图三三）。

“人人念弥陀，户户拜观音”这一流传民间的俗语昭示了观音信仰在中国这片土地上的流行。对此，有人曾说，观音信仰是“半个亚洲的信仰”。《心经》有言：“观自在菩萨，行深般若波罗蜜多时，照见五蕴皆空，度一切苦厄。”这里的“观自在菩萨”，就是我们熟知的观音菩萨。那么为什么又叫自在呢？“自在”一词是智慧的化身，观音的智慧是一种于法自在、一切无碍的智慧，所以也就被称为“观自在”了。佛教经典《华严经》更是列出了十种自在，即寿自在、财自在、业自在、受生自在、愿自在、心自在、如意自在、法自在、解自在、智自在。

自在观音塑像的特点就落脚在“自在”二字上。千佛殿中的这尊观音像姿态极为自在、舒适。不同于我们日常在寺庙中所见的观音像那样，端坐在莲台之上，宝相庄重，相反，这尊自在观音极富动感，右腿屈膝踩踏于坐榻之上，右臂自然地搭在右膝上，右手顺势微微翘起，左腿自然而然地垂于坐榻边缘，整个身体的重心落

千佛殿内的自在观音彩塑

在左胯上，左手则自然地撑着坐榻以保持身体的平衡，神态悠然，面部丰润，眉眼之间既有世俗的安详，又不失神界的尊严。优美闲适的身姿、灵动而讲究的服饰、温暖而充满智慧的表情，把神性的关怀和世俗的“自在”表露得恰到好处，完全冲破了封建礼教和传统造像形式的束缚，淋漓尽致地展现了观音的“自在”，让观音离人更近了。

我们今天所见到的观音像多数是女性形象，但其实早期的观音像都是男性，而且也不叫观音，叫观世音。关于观音，有很多有意思的故事，这些故事在一定程度上体现了佛教的中国化历程。考究史脉，观音性别的转变及姓名的改换均发生在唐朝。我们知道，中国历史上有“贞观之治”，而开创这一盛世的就是唐太宗李世民。在封建社会，人们十分讲究避讳，就是要求避免说出或者使用某些字词，而改用其他字眼替代，以表示敬畏。这种行为源于原始社会的巫术与鬼神信仰，后来逐渐演变成一种礼仪文化和行为规则。所以，我们不能简单地评价它是一种愚昧的行为，而是要认识其存在的合理性。

《隋书·礼仪》记载："汉法，天子登位，布名于天下。四海之内，无不咸避。"故而，在唐代时，为了避李世民的"世"字，观世音菩萨就变成了观音菩萨。

就观音的性别而言，据学者们考证："观音在东晋以迄北周的造像上，虽有多种面貌（如十一面观音、千手千眼观音等），但仍以男性为主。大乘佛学认为男女只是色相，而观音本为无相、超时空的菩萨，但是这些手执柳枝和净瓶的观音仍经常被塑造成英俊王子的形象。到了唐代，观音却完全变成了女性。不论是在神迹故事、俗文学，还是在进香歌与通俗画当中，观音的女性化和本土化的情形同时产生。"[28]那么，为什么会出现这样的现象呢？

简单来说，这与女性形象更加柔和、更加亲民有关。同时，佛教在传播过程中与中国的本土故事不断重叠，如有关观音与妙善公主、武则天等的传说就脍炙人口，从而推动了外来男性神祇逐渐转化为女性菩萨的进程。最终，"'他'却变成了'她'，成为循声救苦的'慈悲女神'，并拥有截然不同的历史与身世，深刻地影响了国人的生活与信仰"[29]。

在双林寺中，除了观音，其他佛像也满是人间烟火气。他们或是悬于空中，或是俯身站立，为了拉近与世俗的距离，很多塑像都有一定的倾斜。其实，塑像的倾斜一个是为了让信众抬头仰望时可以与佛像进行近距离的心灵沟通，另一个则是工艺的需要。

就拿悬塑来说，在中国传统艺术的创作形式中，为了打破二维墙壁平面空间的限制，工匠们创造性地通过“塑”这一形式在二维的平面上拉伸出三维的立体空间，使得物像从二维壁画中延伸而出，层层扩展，悬立于墙壁之上，不仅使其姿势更具开阔感，而且令其神情更具神韵，既可产生绚烂之美感，也有归于平淡的禅意。

在这一过程中，工匠们始终没有忘记他们塑造悬塑是为了让众神与世俗众生进行交流，教化众生。那么，高高在上的悬塑如何才能更好地“走进”人们的心灵？对此，工匠们巧妙地赋予悬塑适当的倾斜角度，这样处理后，既能让人的目光向上，触及神灵的世界，又能让悬塑看到世俗的众生，实现两者目光的交流，进而达到精神上的沟通。

当然，除此之外，悬塑倾斜还有着诸多实用性方面的考量：第一，对悬塑的倾斜化处理可以实现对殿堂内有限空间的最大利用，赋予空间更多的层次，从而栖居更多的塑像；第二，一定程度的倾斜也可以更好地保护悬塑，让悬塑躲避灰尘、风雨的部分侵袭，得以在历史的长河中延续更久；第三，倾斜的利用，也有效地组合了殿内空间，突显了中部的塑像，详略有序，避免了空间的凌乱，调和了悬塑的有限性与佛国世界、现实世界无限性之间的矛盾。

史脉源流——塑形赋彩

梁思成先生曾言：“盖历来社会一般观念，均以雕刻作为‘雕虫小技’，士大夫不道也。然而艺术之始，雕塑为先。盖在先民穴居野处之时，必先凿石为器，以谋生存；其后既有居室，乃作绘事，故雕塑之术，实始于石器时代，艺术之最古者也。”[30]“雕塑”二字，包含“雕”与“塑”，而“塑”则包括了我们所言的泥塑艺术。中国的泥塑艺术源远流长，在出土的新石器时代的文物中，时常可以寻觅到陶制的、原始而粗糙的罐、盘、碗、盆等生活器具以及泥土捏塑的动物与人体塑像。另如，《太平御览》记载“俗说天地开辟，未有人民，女娲抟黄土作人”，可见泥塑之古老，与人类社会相伴始终。

彩塑，顾名思义，就是在泥塑的基础上又多了一道彩绘的工序，从而让泥塑更加富有色彩的灵动性，立体造型更加生动。中国泥塑领域一直流传着“三分塑，七分彩”的说法，可见“彩”的运用对泥塑具有重要意义。

双林寺彩塑历经500余年，保存仍基本完好，一方面离不开我国明清时期高超的泥塑制作水平，另一方面也与双林寺彩塑所用材料、特殊制作工艺有重要关系。工匠们创造性地继承与发挥，将泥土等各类材料组合在一起，赋予其特定的形态，进而以颜料饰之，自然阴干，造就了双林寺彩塑的不同凡响与精美绝伦，实现了佛国世界在人间的呈现。

可惜的是，由于古时从事彩塑制作的工匠社会地位低下，知识水平普遍较差，会做而不会言说，没有保留下相关的文字记录，我们只能结合彩塑和其他一些相关研究来窥视其貌了。“双林寺彩塑承袭了中国泥塑的传统塑造方法，有晋中地区的地方特点。通过对残损部位的分析，发现在用料方面，主要用了当地特有的红胶泥，干后坚硬，不易开裂。另外还有土、木、铁及妆銮彩绘的各种颜料，具体地讲有红土、沙子、麦糠、谷草、皮麻、棉花、麻纸、方形铁钉、铁丝、木棍、琉璃睛目等，与记载古代彩塑的用料情况大致相同”[31]。不同于雕刻不断做减法的形式，彩塑则是在不断做加法。根据传统工艺记载，彩塑的诞生大致经历立骨、贴肉、穿衣、妆銮四步。

第一步——立骨。就是寻找与所要塑造的塑像姿势相近的树枝，或是人工制作木架，然后在树枝或木架上束以苇草、棉花等，为塑像架构出造型。当然，一些体积较小的塑像是不需要立骨的，可以直接塑形。

第二步——贴肉。“通常选用那些带黏性而质地细腻的土，经过捶打、摔、揉等手段加工，有时还要加些棉絮、纸、蜂蜜等混合以使之有更好的定型性”[32]。有学者认为当时双林寺塑像所用的红胶泥，应取自双林寺附近的古时中都河[33]河底之沉泥。“每年雨季来临，中都河上游的红黏土经过沿途反复冲刷研磨，颗粒变得极为细小，且这种土本身黏度大，可塑性强，干后坚硬有光泽，不易风化，是泥塑的绝好材料，双林寺内现存的两千余尊塑像就是以这些红黏土为主要材料制作而成的”[34]。这样，木质的立骨经过贴肉后就基本成形了。

第三步——打磨。将细泥压紧、抹平，勾勒出佛像的穿着打扮，偶尔也会用一些模具，在佛像身上压制、雕刻出图案，如璎珞等，再敷以白色粉末。在打磨的过程中，对眼睛的塑造尤为重要，这一点在双林寺的彩塑上也有着极为精妙的体现。在这方面，古时韩非子对一位名叫桓赫的工匠技艺的评价十分贴切，我们不妨摘录于此：“刻削之道：鼻莫如大，目莫如小。鼻大可小，小不可大也；目小可大，大不可小也。”不难推测，双林寺的工匠们也在遵循着这“小”“大”之间的刻画哲理。

第四步——妆銮。妆銮在泥塑的工艺中占有重要地位，其成败直接关系泥塑的成败。进行彩绘时，必须等泥塑完全干透，且越是大型的塑像，所需晾干的时间越长，一般都在3个月以上。在彩绘后，还要检查塑像，修补其在干燥过程中产生的裂缝。据考证，工匠们在着色时一般先上底色，再调以水胶、牛皮胶等，以便颜料附着。段文杰先生曾在研究敦煌彩塑时总结道：“工匠们主要以捏、塑、贴、压、削、刻等传统泥塑技法来塑出简洁明快的形体，然后再用点、染、刷、涂、描等绘画技法赋彩，润饰肌肤，描出细部，体现质感，即所谓‘塑容绘质’。”[35]这与双林寺的彩塑工艺应是相通的。

双林寺塑像的彩绘颜料基本都是平遥城内供应的。为什么这么说呢？一提到日昇昌票号，大家都久闻其名，它实现了中国近代最早意义上的“汇通天下”。但是日昇昌的主人在从事票号生意之前，其实是从事颜料贸易的，他们就是依靠着颜料贸易赚取了“第一桶金”。

明代中叶，颜料作坊在平遥就已拥有一定的规模，其时以制作青、绿颜料为主，“尤以铜绿制品著名”[36]。据1999年中华书局版《平遥县志》记载，到明代后期，平遥的颜料作坊有了更大的发展，出现了一些大型的颜料作坊，产品远销北京、天津、汉口乃至关外等地。如清乾隆年间的达蒲西裕成李记的颜料作坊，资本规模就达3万余两白银，雇用工人近千人。它在平遥城内的西大街设有总号，北京、天津、汉口等地设有分号，享有“无达（蒲）不成颜”的美誉，形成了一个产业集群。据记载，清嘉庆二十四年（1819），平遥人在北京开设的颜料店铺就达89家[37]。但是，由于颜料品种单一、技法落后，光绪年间，随着西方国家颜料的大量倾销，进口颜料逐渐占据了市场，平遥各地的颜料作坊开始日渐凋零。

谈及于此，就不得不提双林寺大雄宝殿中的释迦牟尼彩塑佛像了。时至今日，这尊塑像的颜色已有些发黑，与两侧的胁侍菩萨形成鲜明的对比。这是为什么呢？当地有两种说法：一是说这是印度人本来的肤色；二是说清代时重新给塑像上了色，但金水的含金量不足，导致雕像氧化。理性而言，显然第二种说法可能性更大。“古人设色见素，今人设色见彩”，从这个案例中我们可以清晰地看出明代工匠制作彩塑时颜料配比技艺之高超，历经千百年而色彩依然。

对这些彩塑背后的工匠们的评价，有一句话或许是对他们最为恰当的描绘：“永远令我感动的是，艺术家（真正的不打折扣的艺术家）走过的路，无论古代人还是近现代人，能够在历史上留下痕迹的，是那对艺术真诚奉献者的灵魂。因为那些不灭的灵魂已经在艺术中得到升华，甚至说永驻，与艺术品同在。”[38] 双林寺彩塑就是他们跃动着的生命，也是他们倾心成就的物化的灵魂。

在凡间行走的故事

每一个流传在人间的神话传说，都是古人在对自身生活想象与期盼的基础上编织的，也是人们关于地域社会（或言家乡）的共同记忆和载体。毕竟，世间哪有神灵？神灵只是凡俗大众生活的投影罢了。之所以有故事、有神话传说，其实也只是因为人们心中不曾失去梦，不曾失去对美好生活的渴求罢了。所以，神话传说才能历久弥新，在人们的口耳相传中代代相承，不断地被提及、被讲述。

有了这些故事、传说，世俗才不至于苦闷，才能用期待抚慰人心，世俗的信仰才会绵延不断，于平遥而言尤是如此。平遥保留了大量明清时期的寺庙建筑遗存，所以更能用这些具象的空间和实际的物品将发生在这片土地上的神话传说锚定在具体的坐标点上。当我们走近这些坐标点，轻轻触碰嵌入其中的岁月痕迹时，便仿佛就能嗅到故事的芬芳。至今，在平遥桥头村还流传着两个关于双林寺的动人的神话故事，它们便是教化众人行善积德的“坐标点”。

赶会遇神仙

赶会，也称庙会、庙市、节场等，是民间围绕庙而形成的一种娱神娱人的行为，既是宗教的，又是世俗的。作为民间生活文化的重要组成部分，庙会随着时代的变迁而流徙，扎根于民众的日常生活与习俗之中，延传至今，具有很强的活力，庙会甚至成了很多地方老百姓日常生活中不可或缺的“时令”。在庙会那天，唱戏的、酬神的、做买卖的从四面八方赶来，热热闹闹，天南海北的货物、艺人汇聚于一地，摩肩接踵，也无怪乎庙会被人们称为“中国民间文化的活化石”。

双林寺的庙会在每年的农历四月初八（佛祖释迦牟尼的诞辰日），是周边农村一年中盛大的节日之一。在这一天，周遭区域的民众会聚集到双林寺，各置摊铺，售卖东西，搭台唱戏，酬谢神灵，十里八乡的人们来此采购、祭祀，好不热闹！我们要讲述的这个故事，就发生在双林寺山门下的门洞里。

话说，一位老汉拿着自己辛辛苦苦编织的凉席（有说是帘席的）赶到庙会上售卖。他在周边踅摸了一遭，在双林寺的山门前设摊叫卖。随着太阳的升高，赶会的人越来越多，进庙的香客们来来往往，但老汉嗓子都快叫哑了也未卖出一张凉席。他拿出随身带的干馒头，就着凉水吃了两口，突然发现一个衣衫褴褛的乞丐，沿着摊位一路乞讨过来，但那些摊贩都露出嫌弃的表情，周边的人们也唯恐避之不及。老汉心生恻隐，赶紧将乞丐叫过来，把干粮分给他吃，还让他抱着凉席进洞内休息。乞丐也不客气，抱着凉席径直走进门洞。随后，老汉卖的凉席散发出一丝好闻的气味，周围的人闻了之后顿感心神安宁，周身舒畅。于是，人们争相购买，席子不一会儿就卖完了。突然，疾雨伴着狂风猛烈袭来，赶会的人们都忙着避雨。老汉想喊乞丐起来，一扭头，竟怎么也寻不到人影了，这才恍然大悟，原来，乞丐就地而坐，让自己的凉席散发出好闻的气味，他这是遇到了神仙呀！后来，人们都说那个乞丐就是双林寺中的观音菩萨所化[39]。这个故事逐渐在周边的十里八乡传开了，而双林寺的山门洞也被人们称为“遇仙洞”（图三四）。

图三四 『双林寺庙会遇仙记』碑

图三五 贞义祠

图三四 — 图三五

睡姑姑、药婆婆的贞义人生

双林寺娘娘殿的东南角是贞义祠（图三五），里面供奉着睡姑姑和药婆婆。为什么这么称呼呢？这是因为其身份信息已无从考证，老百姓们便朴实地依据其姿态的不同而赋予她们形象的称呼。

她们二人一坐一睡，坐着的、骨瘦如柴的老妇是药婆婆（图三六），身盖衿被、躺着的年轻女子就是睡姑姑了（图三七）。“贞义”二字是传统社会对妇女的最高赞誉，也是一把极为沉重的枷锁。贞，一般是指女性保持身体的“洁”，即性贞。具体地说，女子不能于婚前失贞，婚后要从一而终，丈夫生时不能离夫改嫁，丈夫死后也不能再嫁他人[40]。义，则是一种气节、情义。若是完美地做到这两点，就能得到世人的尊崇，能够入祠受祭，由凡入圣了。睡姑姑和药婆婆即是由平凡的女子入圣的中国古代女性的缩影。

相传很久以前，双林寺当地有一户三口之家，父母带着女儿依靠勤劳和智慧经商做生意，家里慢慢富足起来。富有的一家人一心行善，不仅帮助乡里乡亲，而且

图三六—图三七

图三六 贞义祠内壁画中的药婆婆像

图三七 贞义祠内壁画中的睡姑姑像

经常去寺院听经、烧香、捐献香火钱。但不幸的是，在女儿十几岁的时候，父母突然去世了。孤独的孩子伤心不已，但仍不忘去寺院供奉菩萨。在寺院住持整修庙宇时，她更是把自己所有的家产变卖后捐给寺庙。少女的虔诚感动了上苍。后来，她病重的时候，来了一位老妇人，主动帮她做饭、煎药，服侍她。随后，两人相依为命，每一天朴素的生活都伴随着行善，直到女孩去世，老妇人也随之坐化了。为了铭记她们的功德，人们特意将她们做成包骨真身的塑像，供奉于双林寺中，使她们得以享人间烟火。

贞义祠前有一通《贞义碑记》（图三八），立于 1932 年，其上记载：

现时文明进化，不为奇异，虽空前绝后，纪念甚难，惟有使后人不能不注意者，如双林寺古刹之东北隅，小小规模，有贞义祠一座。每岁孟夏浴佛会期，远近男女观会，闻睡姑、药婆之名，莫不关心，来祠参观。甚至善男信女香缘相结。余亦尝目睹。窃思贞义名祠，当必有贞义之实存于其间，而志书不载，碑记不传，意者，或年久而失其实……且余幼时曾闻父老传言有真形骸内藏，不意辛酉岁，军队在寺驻防，祠内分设贩卖部，以致内藏骨骸暴露，足征传闻属实。既军队开发乡长副王荣昌等君，目极心伤，为之检其全体，重新泥装掩盖，容貌毕肖复，其元神不泯，实德殊堪嘉善。乃邀邻乡各慈善募化，并通告及余。余知其事，窃日夜思维，此中有数存焉。古人为贞为义，而间于寺之侧隙地而立祠，颇有深意。而今遭衄时现真体，有心人更不能使之沿没不彰。何则今日世道开化，贞义未免缺陷。藉此再行整新，使“贞义”两字可常留于宇宙间……

从碑文中我们可以了解到，当时驻扎于此的部队在祠内置“贩卖部”，以致对塑像的包骨真身造成了破坏，

图三八 贞义碑记

令人“目极心伤”。作者唯恐“现时文明进化”，令民众对作为地方文化的贞义祠“不为奇异”，进而“纪念甚难”，认为“古人为贞为义，而间于寺之侧隙地而立祠”，关系造化人心，颇有深意，所以撰文捐款，力求其义永彰。

千百年来，双林寺从来没有离开过我们（图三九）。在这个时代，它的“信仰圈”不仅在地域上突破了平遥的十里之地，辐射到整个中国乃至世界，而且更突破了人们的精神世界，以古典艺术精华的身份吸引着人们。于今人而言，双林寺对中华传统文化之精髓的浓缩，极大地满足了我们对精神世界的渴求，所以这座寺庙中的信仰也就变成了我们民族文化的自信！

图三九 双林寺中的一角

“木木”的万佛殿——木结构建筑的瑰宝

我是“木木”，你们也可以叫我万佛殿，我的家就在镇国寺之中，质朴、木讷也许是对我最好的概括。千年来，我小心翼翼地躲避着火灾、战乱等让我害怕的事情。在时光静好中，深藏自己的心事；在晨钟暮鼓中，凝望着进进出出的人们。直至那一天，一位叫阮仪三（同济大学教授，较早认识到平遥古城的价值，对平遥古城的保护作出了突出贡献）的学者走近了我。我依稀记得，他本是很轻松地走来走去，结果抬头看见我的梁上有字，当他嘴里说出“北汉天会七年”的瞬间，我发现他呆住了，直直地用手指着我，不停地说“不得了，不得了”。我有点害怕了，这是怎么了？他为什么这样？我想叫醒他，可是……

镇国寺：中国木结构建筑的瑰宝

稀世之珍

别有洞天

楮墨瑰宝

乱世遗珠

镇国寺，原名京城寺，位于平遥古城东北的郝洞村（原名郝同村）。为什么叫京城寺呢？这与平遥旧时的县域建制有关。平遥区域在北魏之前曾划分为 3 个县，分别是平陶、中都、京陵，镇国寺就位于京陵县范围之内，所以最初的寺名就叫京城寺。该寺始建年代已不可考，寺内现存最早的建筑遗构为北汉天会七年（963）的万佛殿，该殿殿内梁架题记曰“维大汉天会七年岁次癸亥三月建造”。它是山西省内目前发现的硕果仅存的五代北汉时期的木构建筑。明嘉靖十九年（1540），京城寺改名为镇国寺。

相较于双林寺，镇国寺规模较小，只有两进院落，总面积 1.33 万平方米。寺内现存多座五代、明、清时期的建筑物，中轴线上的主体建筑有天王殿、万佛殿和三佛楼，钟鼓楼 [鼓楼已不存，钟楼所存铁钟为金皇统五年（1145）所铸，为平遥现存最古老的铁钟][41]、三灵侯殿、财福神殿、土地殿、罗汉殿、地藏殿等分列左右两侧，外开两门，分别名“崇虚”（天王殿东侧）、“乘幽”（天王殿西侧）。寺内还保存五代彩塑、明清碑碣等珍贵附属文物，尚存寺前戏台遗址、禅院玉皇阁前建筑遗址和真武庙院落遗址。1988 年，镇国寺被列为全国重点文物保护单位。1997 年，镇国寺与平遥古城、双林寺同时被列为世界文化遗产（图一、图二）。

1. 天王殿　6. 碑亭　11. 钟楼
2. 万佛殿　7. 财福神殿　12. 地藏殿
3. 三佛楼　8. 三灵侯殿　13. 观音殿
4. 鼓楼　9. 碑亭　14. 玉皇阁
5. 土地殿　10. 二郎殿

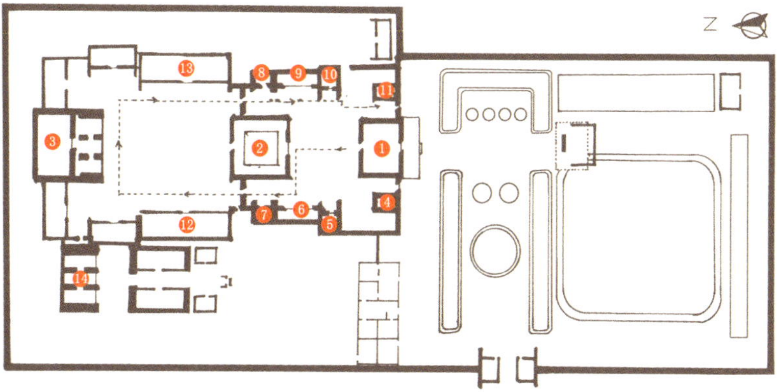

图一
镇国寺平面图（王子怡手绘）

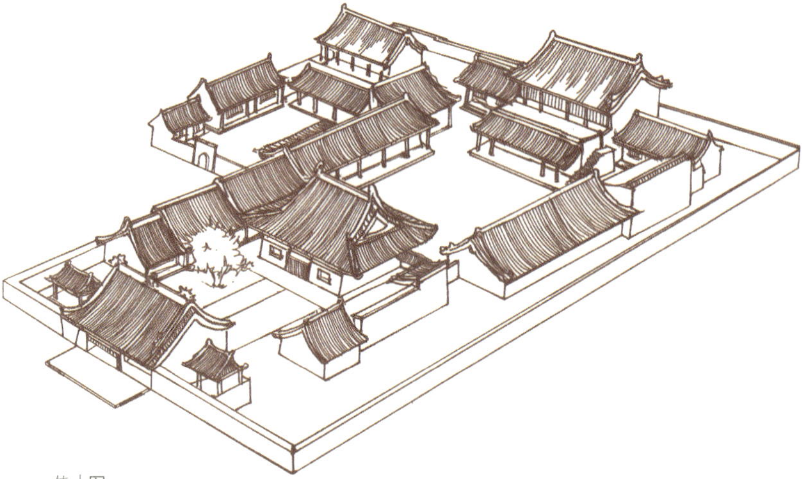

图二
镇国寺复原鸟瞰图（王子怡手绘）

稀世之珍——木结构建筑的典范

“木”在中国古人的生活中扮演了极为重要的角色，有人对此曾形象地形容道：“古人植树为林，截木为材。盖房子，做家具。生活在树木旁，住在木材里。在木桌上吃、在木床上睡。五行中，‘木’的位置安放在旭日照耀的东方，是一切生命之源……中国人在汉代开始用木头造出纸张，到了宋代用木头刻字制版，印刷在木头造的纸张上，然后写下整个民族的历史。”[42]

毫不夸张地说，在古代中国，一座建筑能够离开其他任何材料，唯独离不开木材。在某种意义上，我们完全可以认为，木是中国古建筑的核心与灵魂。据考证，“《康熙字典》里‘木’部的字有1413个，其中就有超过400个是与建筑有关。‘栖’身明明白白是从‘木’开始的”[43]。

万佛殿

木构建筑万佛殿因其殿内墙壁上绘制的成百上千尊佛像而得名，始建于北汉天会七年（963），是我国现存较为古老的木结构建筑遗存之一（图三、图四）。作为镇国寺建筑群的主殿，万佛殿位居镇国寺整体建筑布局的中央。它是厅堂式建筑，歇山顶，面阔三间，进深三间。四周设置了 12 根檐柱，每根柱柱高 3.42 米，柱径 0.46 米，颇显粗壮。这些檐柱在后代维修时已被包入墙内。大殿内没有内柱，内厅堂为彻上明造，即室内屋顶不用天花板，屋顶的梁架完全暴露出来。柱头卷杀和缓，柱间用阑额连接，阑额在角柱处不出头，沿袭了唐代建筑的规制。万佛殿的檐高 5.27 米，举高 3.6 米，总高度达到 8.87 米；檐出 2.94 米，檐举 1.94 米，飞挑的檐角仿若一双张开的翅膀。“万佛殿结构虽经过历代维修，更换过散斗、榑、枋等少数构件，但是无论总体结构还是多数构件本身都是五代十国末期的遗物，是无价的木构瑰宝”[44]。

万佛殿内未使用一颗钉子，复杂的构架都用榫卯结构连接（图五、图六）。大殿内使用了抬梁式构架，减少了殿内竖柱

图三
万佛殿正面

图四
万佛殿背面

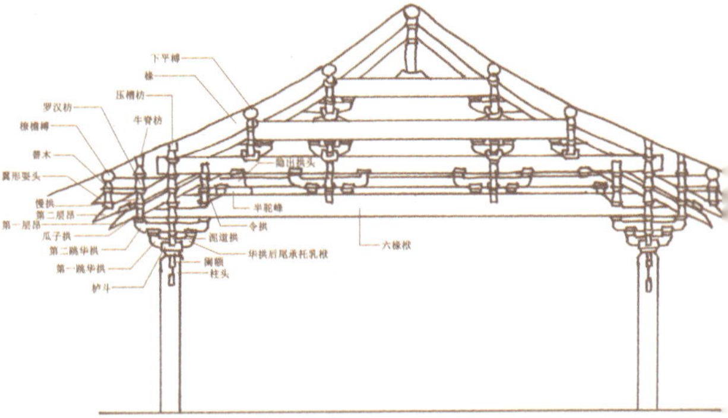

图五 万佛殿侧立面构造示意图（王子怡手绘）

图六 万佛殿斗拱

的数量，增大了殿内的可用空间。因为这种构造方法需要将屋顶的重量通过檩梁传到柱上，所以，要比穿斗式（以落地木柱支撑屋顶）的做法耗费更多的木材，建筑的复杂程度也更高。但也正是因为使用了这样的构架方法，房屋的重量都落在了梁柱之上，墙体没有承重，才使得建筑物即使遭遇地震也能“墙倒而殿不塌”[45]。在清光绪年间，当地人田耕蓝就发现“更可异者，他处木质多年腐朽，惟中殿木质几千年完好如故，观其庙貌奇古，木樽栌节棁，结构非常。询之能工巧匠，皆不知从何而起，从何而止。相传鲁班所造，非人力所能为也”，由此，他发出了“呜呼，庙貌依然，当日之风景不可复睹”[46]的感慨。

田耕蓝所言的“相传鲁班所造”就是当地民间流传的“鲁班爷”显灵亲自修建万佛殿的神奇故事。话说，郝洞村村民计划修建镇国寺万佛殿，材料都准备好了，唯独缺一位大工匠。一连几个月都找不到合适的人选，村里人都急坏了。这一天，村中来了一位乞丐，村民们唯恐避之不及，只有一位村民将其带回家中施以粥饭。

聊天中，村民无意间说起大家近日的烦恼。乞丐听后便说他能修，而且可以一夜修好，说完便不管不顾地从他的破包中拿出一把斧子，在村民家中找了一块石头，就开始打磨了。村民也没把他的话当真。当天夜里，村里忽然起了风，风中还夹杂着打夯声、拉锯声、斧凿声，直至快天亮时才停下来。清晨，走出家门的村民们忽然发现寺里凭空出现了一座精美的大殿。施粥的村民这才想起了乞丐的话，讲给大家听后，村民们四处寻找，却不见乞丐的踪影，只在殿中梁柱上发现了一把斧子，斧子上镌刻着“鲁班”二字[47]。

这一传说看似十分夸张，却暗含了中国古代木结构建筑一个很重要的特点，那就是“模件化搭建”。德国学者雷德侯所著的《万物：中国艺术中的模件化和规模化生产》对中国的木结构建筑进行了这样的评价：“有史以来，中国人创造了数量庞大的艺术品……这一切之所以能够成为现实，都是因为中国人发明了标准化的零件组装物品的生产体系。零件可以大量预制，并且能以不同的组合方式迅速装配在一起，从而用有限的常备构件创造出变化无穷的单元。”[48]他认为，中国人在搭建建筑时偏爱木材为主的梁柱建筑，因为其有三个优点：“首先是经济，因为木材在中国非常充裕——或更准确地说是曾经非常充裕，同时比石材易于运输和加工；此外，木材十分坚固，相比之下，中国人最常用的白柏木具有四倍于钢材的张力和六倍于混凝土的抗压力；第三，梁柱结构有利于向模件体系发展，这也带来了很多优点，其中之一是用途广泛，亦即能够用以满足多种建筑功能，并可适应各种各样的气候条件。”[49]

为什么将其称为“模件化”呢？这涉及很多建筑学的内容。比如万佛殿里夸张的斗拱（图七），由斗、拱、梁、枋组成，“就是使用一系列的方木形成一个复杂的节点，这个节点，主要地承担梁柱之间的交结工作，改善柱头的受力状况，同时在加大建筑的出檐上扮演重要角色（图八）。另外，斗拱所处的位置决定了它成为建筑立面上的重要修饰部分，以至于它成了确定建筑等级的重要标志”[50]。

这样，工匠们在建造大殿时就能实现预制装配，类似于我们今天的组装产品。古人通过提前安排各种木构件的营造、生产与运输，实现了“营造模数制度”，大

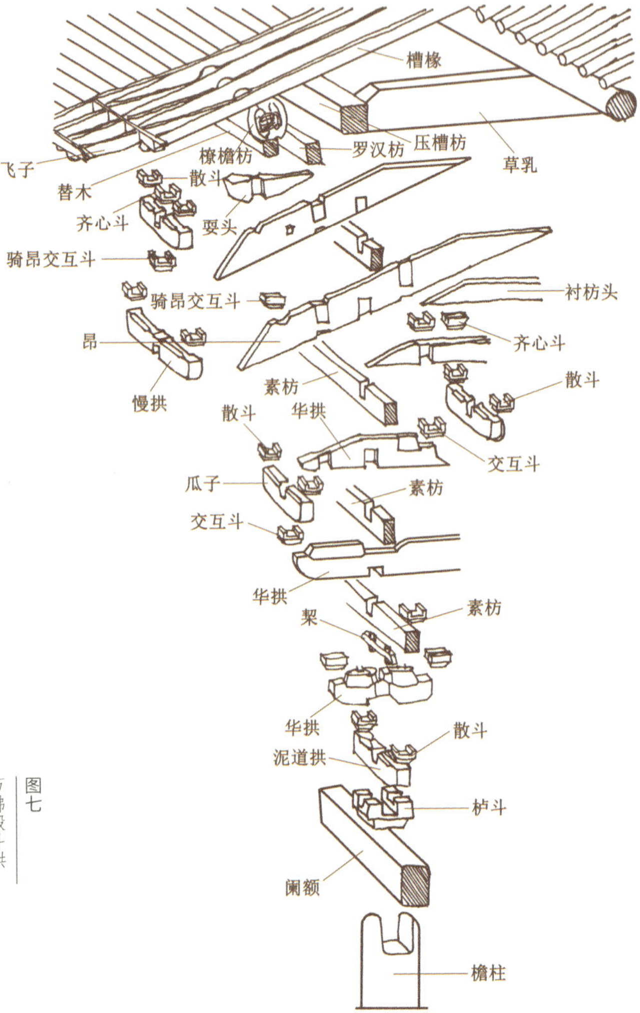

图七 万佛殿斗拱

图八 斗拱铺作分解图（王子怡手绘）

华彩上流 | 四两拨千斤，中国古代木构建筑的魅力

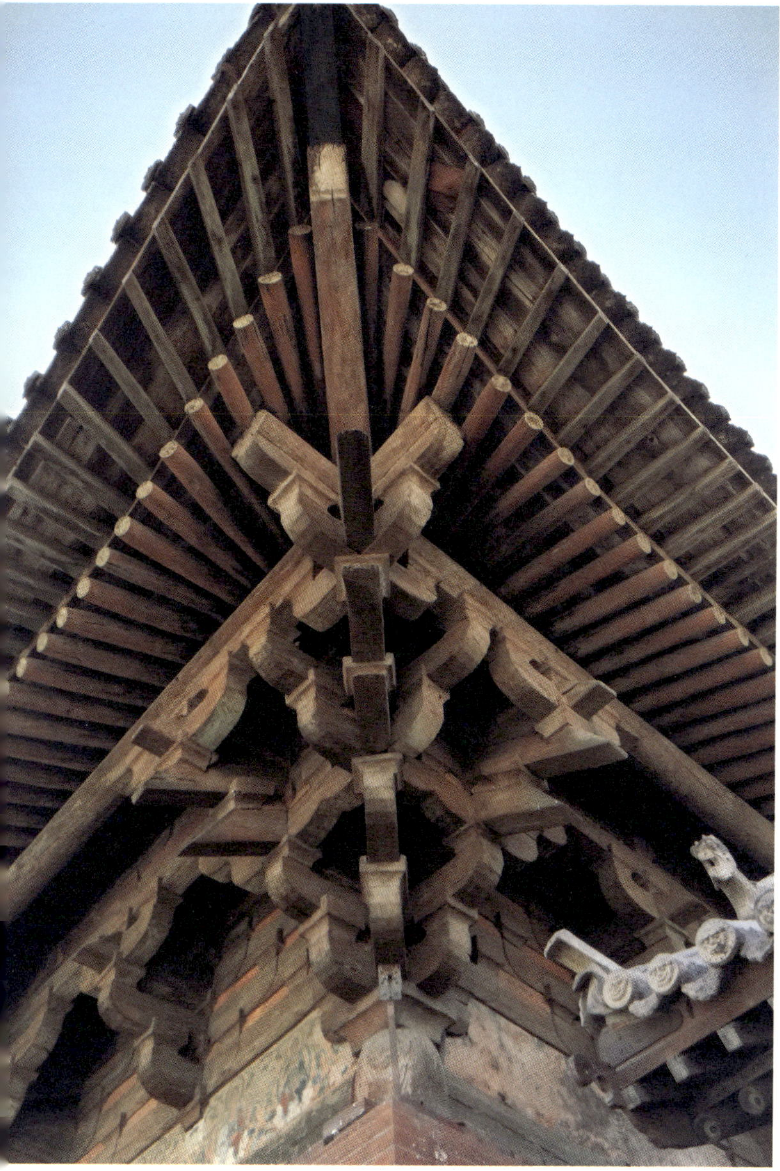

图九——图一〇

图九
镇国寺天王殿正面

图一〇
天王殿斗拱及斗拱间绘画

大提高了建筑的营造速度。

宋代编制的《营造法式》一书的大木作[51]制度中写道："凡构屋之制，皆以材为祖，材有八等，度屋之大小，因而用之。"这里的"材"就是一个标准尺寸的比例单位。这一标准直接推动了建筑的标准化建设。

天王殿

镇国寺没有山门，寺内的首道大殿便是天王殿，因此它兼具山门的作用。天王殿也是一处木建筑瑰宝，是明代的建构遗存。天王殿的斗拱比万佛殿的明显小了很多，这显示出五代木构建筑与明代木构建筑不同的风格和精神风貌（图九—图一一）。

三佛楼

镇国寺内的最高建筑是三佛楼，高度达 10 米左右，底层为砖窑，上层为单檐歇山顶，因殿内供奉"三身佛"（法身毗卢遮那佛、报身卢舍那佛、应身释迦牟尼佛）而被称为"三佛楼"（图一二）。根据殿内残存的墨书题记

图一一 镇国寺天王殿四大天王像

图一二 镇国寺三佛楼全景

可知，该殿宇在清雍正九年（1731）重建，雍正十一年（1733）绘制壁画，嘉庆三年（1798）彩绘梁枋、金妆佛像、描摹壁画。现在殿内完整地保存了佛传故事壁画 52 幅、彩塑 7 尊[52]。

别有洞天——彩塑、壁画

古人有言“天下通都大邑，必有名刹古院以为气胜之地，非徒神道教已也”，而名刹古院则必有彩塑与壁画，以“像”与“画”宣教化民。他们认为“盖闻人之保障，信乎神；神之灵爽，寄乎庙。未有念切享祀而不殷勤修饰，为神灵之壮观者也”，所以寺庙中的彩塑与壁画又别有洞天。

五代彩塑

目前发现五代彩塑的地方颇为稀少，除了敦煌地区之外，就是平遥的镇国寺了。五代彩塑在中国彩塑艺术中上承隋唐，下启两宋，殊为珍贵。由于五代十国是一个战乱频仍、政权更迭很快的短暂时期，所以留世的彩塑极为稀少，万佛殿中的彩塑就是其中的“幸运儿”（图一三）。

进入殿中，端坐于须弥座上的释迦牟尼佛便直接映

图一三
镇国寺万佛殿内的五代彩塑

入眼帘。他的左右两侧对称分列着迦叶、阿难二弟子，文殊、普贤二菩萨，胁侍菩萨，供养菩萨，童子和天王。除主尊像为后代补塑外，其余塑像均为五代遗存。周遭墙壁装饰有千佛图像，整个大殿呈现出宏大的说法场景。另有一尊北向倒坐自在观音像，因位于主像释迦牟尼背后，所以称其为“倒坐”。

迦叶、阿难这一老一少侍立于佛祖两侧（图一四、图一五）。他们又有着什么样的故事呢？传说迦叶生来有三十二相，言行举止异于常人，修苦行，穿着打着补丁的“粪扫衣”四处乞讨，一日一餐。佛祖涅槃后，弟子们恐佛教义理失传，迦叶于是召集 500 比丘在王舍城回忆释迦牟尼的教诲，编纂了佛教经典“故一切经皆安‘如是我闻’，此阿难为传教之祖也”。其塑像身着百衲衣，双手合掌，肃然立于佛祖之旁，体形略显单薄，胸部肋骨外露，呈现出一位苦修佛法的老者形象。阿难则是释迦牟尼的堂弟，容貌秀美，性格温和，一生遭受了四次“女难”，迟迟未得道，直到佛祖涅槃前才彻悟佛法，修得正道。他因记忆力尤佳，被誉为“多闻第一”。阿难塑像风姿

图一四
镇国寺万佛殿内的迦叶彩塑

图一五
镇国寺万佛殿内的阿难彩塑

卓然，五官俊美，目视前方，身材圆润，呈现出智慧、机警的形象，可谓以像喻人，完美地实践了中国古人“征神见貌，情发于目”的理念。信众“观其眸子，可以知其人”，教化的作用显于无形之中。

文殊、普贤二菩萨（图一六、图一七）均半跏趺坐，形体健美，上身穿明光铠甲，肩部有护甲，下身着贴体裙裳，衣纹紧贴肉身，裙摆自然垂落，刻画极为流畅，既彰显了神灵的威严，又流露出女子的柔美，在强烈的对比中糅合出时人心目中菩萨的形象。胁侍菩萨则袒胸裸臂，肚脐外露，眼角上扬，身姿婀娜，以璎珞彩带装饰，罗纱贴体，身材修长，处处显露着女性的曲线美。

从彩塑的神态和穿着上，可以明显感觉到其与双林寺明代彩塑的不同。镇国寺的五代彩塑服饰更具张力，色彩以土红、青绿为主，更明亮、艳丽，处处彰显着开放、自信的气息。

两位胁侍菩萨前端各有一童子，为印度风格，形态自然，神情虔诚，端坐于莲花之中。

佛坛两侧立两尊金刚（图一八、图一九），眼睛大张，炯炯有神，着明光铠甲，持降魔杵，透过衣衫可清晰辨别其手臂、腿部隆起的肌肉，充满勇武的气势和蓬勃向上的活力。凝望他们，

图一六
镇国寺万佛殿内的文殊菩萨彩塑

图一七
镇国寺万佛殿内的普贤菩萨彩塑

图一八 镇国寺万佛殿内的金刚彩塑

图一九
镇国寺万佛殿内的金刚彩塑

我们分明窥视到唐末、五代时期的“战乱与和平”。

万佛殿内的彩塑虽然经过后世的重绘，但仍保留了五代时期的风采，唐风遗韵突出。“五代是一个比较特殊的时代，这个时期的艺术带有转型期的某些特质，既有唐人雍容、舒展的特点，又有宋时婉约、深沉的性格”[53]。万佛殿的五代彩塑完整地记录和呈现了唐末、五代时期中国彩塑艺术史上又一个巅峰时刻的技艺，为后代研究唐末、五代时期的彩塑艺术提供了难得的实物证据。

艺术来源于生活，是生活的“外衣”，也是时代的“构思”。若我们将不同时代的同一类型彩塑置放于一起，对其进行比较与研读，就能深刻地体会到艺术的流变轨迹与时代的更迭，正所谓“凡欣赏一塑像，即是欣赏一时代的文化史”。

壁画遗珍

据考证，“明代壁画中尚有存迹的只有寺庙壁画，在全国已发现较为完整的寺庙壁画遗迹有 11 处”[54]，镇国寺就是其中之一[55]。寺内现存壁画主要有三处，一是万佛殿中的“千佛图”（图二〇），二是位于三佛楼的“佛本行经变”，三是位于地藏王殿的刻画地狱苦刑的壁画。

据考证，万佛殿内的“千佛图”绘制于明代，在清代可能进行过重绘[56]。相较于其他壁画，“千佛图”绘制的都是佛像，千篇一律，似乎没有什么价值，实则不然，它运用了佛教中“佛佛相次，光光相接”的意境，以绿、黄、红、黑、白等多种颜色丰富了壁画的视觉效果。据测量，“万佛殿千佛壁画东、西两壁的佛身一般高 20 厘米，肩宽 10 厘米，头光宽 12 厘米，身光宽 17 厘米，佛头高度为 7 厘米，单个佛像整体被描画在 27 厘米（高）×19 厘米（宽）的建筑矩形空间内”[57]。如同万佛殿本身的模件化构造，千佛的构造也是模块化的，基本由佛像、背光、莲花座、云朵等元素构成，是壁画绘制中的“艺术模件化的生产”。

三佛楼的壁画创作形式类似于连环画，是在一个个近似正方形的框中进行的艺术创作，以佛祖释迦牟尼的生平演绎出的传说故事为构图元素，集中于殿内东、西墙壁，共计 52 幅（图二一），每幅壁画中还有题字，对壁画内容进行阐释，如“园林喜戏之处”（图二二）等。壁画色彩明亮，线条流畅。每则

图二〇—图二一

图二〇 镇国寺万佛殿内的壁画（局部）

图二一 镇国寺三佛楼内的壁画

图二二
「园林喜戏之处」壁画

图二三 明代人物形象

故事的人物形象（图二三）、建筑物，乃至花草树木等，都精心描绘。虽然其中不免有夸大和想象的成分，但毋庸置疑，这些壁画是当时社会生活的一种图像情景的生动再现，为我们了解明代的社会生活提供了丰富的图像素材。

图二四
镇国寺地藏殿的地藏王及胁侍菩萨塑像

地藏殿供奉地藏王菩萨（图二四）、冥府十王（图二五）及三曹判官塑像。据考证，其内壁画应创作于清代，讲述了六道轮回、因果报应的故事，将作恶者受刑罚之残酷、鬼卒之严厉描绘得十分真切，正如殿中一副对联所云：“阳世奸雄欺天害理由直汝，阴司报应古往今来放过谁。”十王是掌管冥界审判的官员，主管人死后的善恶评判，以劝导人在世时向善积德。十王共同象征着死后世界的“终极审判”，是“宗教艺术利用人天生的恐惧心理构筑起法律社会以外又一层约束的道德约束”[58]。

这些壁画不同于万佛殿、三佛楼内的格子画，而是采用了屏风画的形式，展示了地狱审判的道具及场景，并配有诗文，可谓图文并茂，是一种颇为创新的艺术表现手法。

镇国寺内的壁画多出自民间画师之手，是一种具有地方文化特点的“乡土绘画语言”，工匠或多或少地会将其对生活的观察和体会绘制于壁画之中，可以说，壁画是蕴藏着丰富价值的“时代图景”。

图二五
镇国寺地藏殿内被侵蚀的十王彩塑之一

楮墨瑰宝——古槐残碑

在中国，一般而言，有庙就有碑。碑与建筑，尤其与寺庙建筑是不可分割的。如果我们细心观察所去的寺庙，是不是一般都能发现石碑呢？据考证，碑在汉代以前就出现了，只不过最初功能并不是刻字，而是用来观日影、记时刻、测方向的，具有现代意义上的碑兴起于西汉之后。在寺庙中，碑有两种作用，一是类似我们今天的“标识牌”，标识建筑物，并用文字书写、记录其人文内容；二是被赋予一种承载“功德”的功能，是为记录向寺庙捐献过财帛、出过力之信徒的“表彰册”，以使他们的姓名万古长存，为后人所瞻仰。这些碑刻为我们了解镇国寺的历史脉络提供了一个难得的“文字窗口”。

刘禹锡曾有言：“山不在高，有仙则名。水不在深，有龙则灵。斯是陋室，惟吾德馨。”套用此话，可以说镇国寺“寺不在大，有木则名。殿不在高，有塑赋彩。

斯是佛寺，碑槐共栖”。相较于双林寺的“佛国世界”，镇国寺更多了一份人间温情，处处透露着工匠的智慧与文人的雅致。

镇国寺之龙槐

很早的时候，古人就认为草木有灵，并将其纳入图腾，作为信仰加以祭祀，可以说，草木与人类的社会、情感生活等有千丝万缕的联系。而一地之草木若有“奇”“怪”“古”等几个特点，就会更受世人所推崇，成为沟通一地民众与神灵或说神秘空间的媒介。

镇国寺之龙槐最早植于北汉天会年间（图二六、图二七），清代时以“古寺龙槐”被列为平遥县一大奇观。嘉庆年间的《镇国寺龙槐记》载：“古陶树木之奇有二：曰柏仙[59]，曰龙槐……而是槐独以盘曲为胜。”今存龙槐“胸围 2.4 米，高 3 米，树身布满弯弯曲曲的裂纹，形似鳞甲。杆枝错纵盘结，迂回缠绕，无头无尾，密匝而生，貌似神龙，张牙舞爪，腾云驾雾，向以奇姿而名”[60]。

镇国寺中有多块石碑专门对龙槐进行了记录，是景照入人心、人心托于景的古代文人情感世界的“悲喜相遇”。其中，最

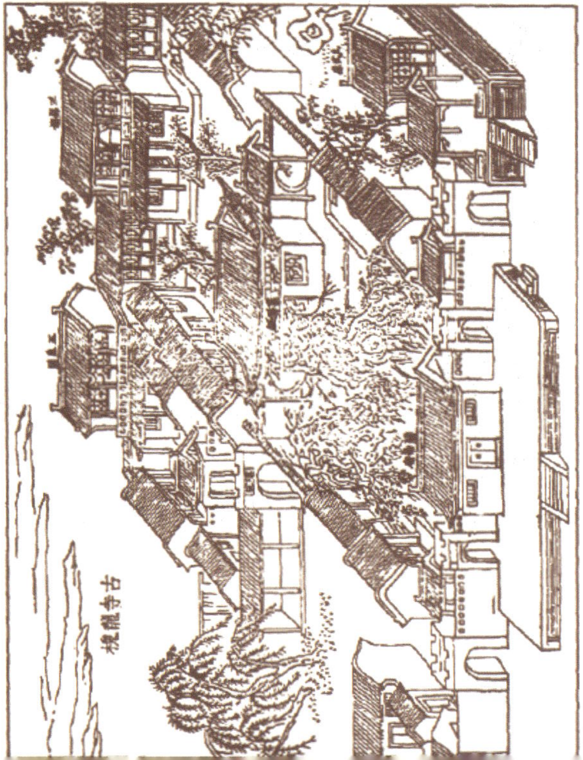

图二六
镇国寺古寺龙槐[61]

图二七 镇国寺内的龙槐

有名的碑文是由清代岳廷元[62]撰写的。他在清嘉庆十年（1805）冬从福建归来，曾到郝洞村游玩。第二年，他与长辈谈及游览镇国寺的场景时提到“古陶树木之奇有二，曰柏仙，曰龙槐。胡村柏仙观，载诸邑乘。而龙槐在郝同，虽本邑人士，罕有知者，良可惜也”。长辈听后慨然曰：“槐之托根于兹寺久矣，槐之阅历，夫游人骚客亦不知凡几矣，竟无只字表扬，与兹槐生色亦一憾事。君其授笔以纪之，可乎？” 岳廷元慨然应承，但因俗事繁多，竟一直未能动笔，直至1809年夏才动笔以“应命”。

岳廷元在《镇国寺龙槐记》的碑文中写道：

夫树之参霄翳日、拂雾披云者，如龙门之桐，泰岳之松，大都以耸直为胜。而是槐独以盘曲为胜。槐在寺中大殿前，东、西两株对植，高不过寻丈。其枝委地，与其身等。根之诘曲而蟠踞于地上者，亦与其身等。仰而望之，一枝百折，互相纠结，如循环之无端，如檐牙之斗角。老干虬纹，霜皮石裂，此则槐之大概也。若夫鼠耳齐圆，金花并发。披枝而内视，碧叶四垂，囷囷焉似蟠龙之奋苍鬣；绕阴而外观，密条双绾，森森然似卧龙之蜷翠鬣。每当轻飔乍至，叶飒花飞，真有如古诗所谓“风动槐龙舞”者矣。至若秋冬气凛，霜雪交侵，柔枝蠖屈，劲枝爪伸，苍莽骈叠……吾闻槐为虚星之精，得此两槐，洵足称列宿之仙灵，作文坛之佳话矣[63]。

虽是文言文，但读之朗朗上口，即使间或有字词不识或词意不解，但并不影响我们对全文的理解。古槐本为树，但在岳廷元字词的一咏一书间就有了气势，有了生命与千姿百态，也许这就是中国文字的魅力吧！

在此之后，当地文人墨客的辞赋渐渐愈多，如清光绪十九年（1893）里人田耕蓝所撰写的《龙槐荣枯记》：

龙槐之由来，前碑已详言之，兹不再叙。而今数十年来或枯或荣，则有不可不志者。东边一株于道光十二三年从树身生出一枝，与常槐同，初以为小，曾不在意。十数年后，枝大于身，将一身之精神气脉，皆为此枝所拔。而全树之枝叶枯槁殆尽。见者忧之，不敢擅动。同治年间，郝翰藩先生有胆有识，为文以祭，命梓人斧以斫之，人心大快，此枝一除而全树之枝叶渐见，发生迄今，大有可观矣。至于西边一株，道光初年即见皮有破裂，心亦空虚，而枝叶亦不畅茂。正如昔人所谓，此树婆娑生意尽矣。

至咸丰间，小枝尽枯，止存老干，槎丫数枝而已。忽从树根发出数枝，亦与常槐等。今已长大成树矣。昔有一差人言，此树是插接所成。当时以为贱役小厮，何足为信。今想东边所生之枝，与西边所发之树，且细视树身有插接痕，上下之树皮不同，枝叶不同。然后知差人之所言非妄也[64]。

此文记录了龙槐的“枯”与“荣”，并有感于对差人所言先是“不足为信”，后经过细查，才发现自己错了，差人的认识反而是正确的。看似平淡的一篇文章，却告诉我们人各有所长，观察事物之时，我们要多听取他人的意见，而不能以地位取人，不能令他们“人微而言轻”。

但凡名景，总是不乏歌咏诗记的。再如癸酉拔贡古梗阳季真岳峤题《咏双龙槐》中写道：

招提寂静禅关开，中有夭矫双龙槐；

枝干蜿蜒各丈许，何时谪下神宫来。

神宫老衲善持护，密阴两两永蟠固；

偃仰同饶百折心，八百春秋等朝暮。

不见蚁封居南柯，但闻疾雨走雷车；

四周一洗翠纠结，黄花飞舞神婆娑。

西风飒爽来天外，双株叶脱生清籁；

寺外经年过花骢，寺中若个留青睐。

废兴阅尽几沧桑，斧斤不许樵夫败。

我来随喜订相知，老槐掷下生虬枝；

拾置砚旁当毛锥，苍莽先写龙槐诗。

相较于上两篇，这首诗就多了些许豪爽之气。作者以瑰丽的想象，描述了龙槐诞生以来的种种异事。诗词明朗，颇富动感，如“四周一洗翠纠结，黄花飞舞神婆娑”，一个“洗”字，一个“舞”字，动中有静，写出了龙槐树叶翠绿如洗的清新之感。而一句“我来随喜订相知”则将槐树喻为知己，捡拾起老槐掉落的枝条欣喜不已，拿起来就当作毛笔，“苍莽先写龙槐诗”。

二王笔意——半截碑

半截碑，碑如其名，因只剩半截残碑而得名，现存于镇国寺东侧的碑廊之中，根据《三晋石刻大全》记载：“碑青石质……四边文字残缺，局部风化。碑高 81 厘米、宽 57 厘米、厚 40 厘米。碑文行书，计 19 行，满行 33 字。”关于石碑之产生、发展脉络，南宋史学家郑樵曾在《通志·金石略》中说：“三代而上，惟勒鼎彝。秦人始大其制，而用石鼓；始皇欲详其文，而用丰碑。自秦迄今，惟用石刻。”这句话的大意为，在夏、商、周三代的时候，人们记事，推崇使用青铜器，也就是我们后世所见到的青铜器铭文。秦人（有人推测为秦穆公时期）始将铭记作为一件很郑重的事情，开始用石鼓文[65]来记录。秦始皇时期则多利用“丰碑”来刻石记事，进而引领了后代的石刻文化，一直绵延至今。清时平遥人张秀言：“间尝稽古崇庙，有立碑之说焉，迨及秦汉取义各异，而追思功德者恒多，后人因以为载记功德之传也，则制立碑铭由来久矣。”[66]

一般来说，一块完整的石碑包括碑座、碑身、碑额等，是一件完美的艺术品。那么，半截碑能否算一件艺术品呢？答案显然是能。它的书法（人们普遍认为此碑有王羲之、王献之笔意）和历史足以成就它在中国碑刻中的地位。

该碑本不是镇国寺之物，为修葺寺庙时从周边区域捡回来的。据清光绪十年（1884）田耕蓝所作《半截碑记》载，在嘉庆年间重修寺庙时欲将半截碑作为其他碑刻的碑座，幸得其族祖增檍公见而止之：

“此碑书法甚好，不可毁也，存之以为学书者临摩（摹）”。嗣后爱而榻（拓）之者甚夥。但上下文义不全，观其大势，是当日封王于此，且天会十二祀年号，殆亦八百余年物也。惜碑太厚，未克嵌壁，今筑小台安置其上，以示后人，不可再为损坏此碑之意，于是乎记。

古寺的魅力在于它的“文物”特性，即“物”之上所附着的“文”，因此，我们来观光时，就需要三分看、七分听了，既要耐心听讲，也要深入其中，细细探索知识。你瞧，上面这段引文中就出现了一个年号“天会”。

什么是年号？年号是我国古代王朝用来纪年的一种名号，为汉武帝始创，是封建王朝追求美好寓意的寄托。中国历史上的年号众多，还有一些重叠的。要了解“天会”之确切年数，显然离不开历史知识。我们此处的引文，清人田耕蓝就犯了一个错误。他将半截碑中的“天会”误认为是金时的天会年间，其实不然，此“天会”是指五代十国的北汉君主刘钧所使用的年号，即957年到973年，前后共17年。

后人对半截碑扑朔迷离的完整历史的探索从未停止过，如《补修镇国寺并九间庙碑记》中对半截碑描述道："遐思此寺创始，疑是一大都会，惜无可考，惟有半截碑，上下文义不全，阅其大略，是当日封王于此。"此段话中，"封王"是一个很重要的内容。当代学者们综合考证，认为此碑应为北汉主刘崇之孙刘继钦的墓志铭，终是解开了此碑的谜题。原来刘继钦曾在刘钧在位时担任过要职，刘继元（北汉末代皇帝）上台后认为"继钦但事先帝，岂可为我尽力邪"，觉得刘继钦只忠于刘钧，不肯一心一意为他所用，就将刘继钦"黜居交城"，后又派人将其杀死[67]。为了掩饰这一行为，刘继元又将刘继钦厚葬，此碑即是遗存。

半截碑不仅丰富了我们对北汉之际历史的了解，而且颇具书法价值，清代摹拓石碑者络绎不绝，故而也可称其为中国古代书法的"文字之碑"，其碑文字体结构曲直结合，丰润、细瘦处置恰当，阳刚遒劲之间又不失圆润婉约之美。

乱世遗珠

佛教自汉代传入我国，在近两千年的发展过程中，经历过兴佛，也经历过灭佛，但不可否认的是，在传播过程中，它不断地被中国化，“厥后佛教弥光洋溢中国，世之尊崇而祀者，几遍宇内矣”[68]。

就如余秋雨对莫高窟的描述一样，在远离尘嚣的镇国寺中，若你静对着那些佛像，借着透过窗棂射进来的朦胧的光亮，光阴似乎都活了过来，修殿的工匠与画工、礼佛的人群、敲击木鱼的僧人等仿佛都在眼前忙碌着。看一会，听一会，你会发觉自己也被裹卷进去了，身不由己，踉踉跄跄，被人潮所挟，被声浪所融，被一种千年不灭的信仰所化。正是因为“被信仰所化”，因为郝洞村及周边民众千年来的信仰与向善之心，镇国寺这枚五代十国的“乱世遗珠”才得以被屡次维修，寺庙的香火才得以延续下来。据 1999 年中华书局版《平遥县志》记载，在北汉年间之后，镇国寺曾在金天德三年（1151），明中期，清乾隆年间、嘉庆十七年（1812）、嘉庆十八年（1813）、嘉庆二十一年（1816）、道光初年及光绪三十年（1904）经历多次重修。也许只要镇国寺周遭还有人间的烟火，对它的重修就不会停止。

平遥古城墙及角楼

我们的平遥

平遥古城的魅力在于其所蕴含的生活气息，它不仅“老”，而且“常新”。有人的古城才是活的古城。这座城内的人们世代扎根于平遥，祖祖辈辈都过着“日出而作、日落而息”的生活，每日的清晨都是伴着咯吱的推门声开始，每日的夜幕均是伴着木栓的轻滑而锁闭。春有花开，夏有浓荫，秋有红枣，冬有飘雪，在这一方小小的古城中，平遥的老百姓编织了属于自己的生活。古人有言：“世之光彩日生，人之性情不竭，寻常真正诗料。”此言诚不欺人，平遥就是这样一座“光彩日生”、令人“性情不竭”的城市。她是一座有诗意的城市，也是一座浪漫的城市。

浪漫的城市往往是美好的地方。“美好的地方一定是养脚的地方，诗意的城市应该是漫步的城市”。当今，很多人都喜欢“散步的人生”，其实这源自“散步的产物。好的灵感、音符、情愫，就像蚂蚱藏在你的途中，会突然于草丛中跃出”[69]。古人对此也曾有很好的概括，他们说“使乘车策马之人，能以步趋为乐，或经山水之胜，或逢花柳之妍，或遇戴笠之贫交，或见负薪之高士，欣然止驭，徒步为乐”。所以，来到平遥，若不放慢节奏体验“徒步为乐”的情趣，难免会错失很多风景。在这里，生活诗意地栖

结语

居于美好的时光中。

清晨天色微曦和傍晚黄昏下的平遥古城是最美的，一个是洗去了一切铅华的古城，静谧而安逸，“启朝霞之灿烂，披晨蕊之芳鲜”，空气中只是飘杂着些靠小本买卖谋生的人们忙碌的脚步声与吆喝声；一个是担负着厚重光阴的古城，嘈杂而拥挤，空气中充斥着美食、游客、车辆的喧嚣。一个是初起的古城，一个是落幕的古城，拥挤着古城的“衰”与“荣”，夹杂着古城的“静”与“动”，像我们每个人一样，在时光的长河中跋涉着，繁华着自己的故事，冷落着寂寥的心情。

平生一座城，遥想一段梦。

这就是平遥，她是属于我们的城……

平生一座城
遥想一段梦

听雨楼所见平遥古城的街道

汾酒

注释：

[1] 董剑云、董培良：《平遥古城文化史韵》，山西经济出版社，2017，第 4 页。
[2] 平遥县地方志编纂委员会：《平遥县志》，中华书局，1999，第 2 页。
[3] 余秋雨：《文化苦旅》，长江文艺出版社，2014，第 54 页。
[4] 见张侯修城碑记，平遥县志（光绪版）。
[5] 王俊：《中国古代城墙》，中国商业出版社，2015。
[6] 张驭寰：《中国古建筑装饰讲座》，安徽教育出版社，2005，第 12 页。
[7] [瑞典] 奥斯伍尔德·喜仁龙：《北京的城墙和城门》，许永全译，北京燕山出版社，1985，第 1~2 页。
[8] [明] 宋应星著：《天工开物》，钟广言注释，广东人民出版社，1976，第 184 页。
[9] 平遥县地方志编纂委员会：《平遥县志》，中华书局，1999，第 128 页。
[10] 境内煤炭资源比较丰富，开采历史悠久。及至明清时期，文祠神、普洞、水策注一带已有小型煤窑 10 余座。见平遥县地方志编纂委员会编《平遥县志》。可见，在明朝时期烧制城砖时，已使用煤炭作为燃料。
[11] [明] 宋应星著：《天工开物》，钟广言注释，广东人民出版社，1976，第 189 页。
[12] 王俊：《中国古代城墙》，中国商业出版社，2015，第 38 页。
[13] 根据佛经记载，释迦牟尼在涅槃时四周各有两棵大树，涅槃之后，八棵大树合并成两棵树，故称“双林入灭”。
[14] 王开岭：《精神明亮的人》，山西人民出版社，2015，第 151 页。
[15] 平遥县地方志编纂委员会：《平遥县志》，中华书局，1999，第 765 页。
[16] 据不完全统计，其中唐代彩塑 61 尊，保存于五台南禅寺、佛光寺和晋城古青莲寺；五代彩塑 11 尊，保存于平遥镇国寺；宋、辽、金彩塑 377 尊，保存于太原晋祠、大同华严寺、朔州崇福寺等地；元代彩塑 275 尊，保存于晋城玉皇庙、洪洞广胜寺等地；明代彩塑 9233 尊，保存于平遥双林寺、五台殊像寺等地；清代彩塑 1200 尊，保存于解州关帝庙、浑源悬空寺等地；民国时期彩塑 1975 尊，保存于五台山及全省各地寺庙中。见李剑平编著《山西古代彩塑品赏》。
[17] 董慈红：《双林寺释迦殿佛传故事悬塑研究》，硕士学位论文，华中师

范大学美术学院，2018，第 1 页。
[18] 平遥县地方志编纂委员会：《平遥县志》，中华书局，1999，第 800 页。
[19] 王家斌、王鹤：《中国雕塑史》，天津人民出版社，2005，第 184 页。
[20] 陆君玖：《彩塑：塑形赋彩》，上海科技教育出版社，2006，第 87~90 页。
[21] 朱立元：《艺术美学辞典》，上海辞书出版社，2012，第 201 页。
[22] 马大勇：《中国雕塑的故事》，山东画报出版社，2008，第 257~258 页。
[23] 传说在佛教早期，弥勒佛与韦驮分别掌管着不同的寺庙，而不是两个人同处一庙。弥勒佛以笑脸迎人，来的人很多，但他性格豁达，什么都不在乎，没有管理好账目，结果导致寺庙入不敷出。韦驮虽然是一个管账的好手，但成天过于严肃，搞得人越来越少，导致香火断绝。佛祖发现这个问题后就将二人放在一个庙中，一人负责迎客，一人负责管账，从而使得寺庙呈现出一派欣欣向荣的景象。当然，需要注意的是，双林寺中的弥勒佛，不同于我们后世常见到的弥勒佛，他是“天冠弥勒佛”，保存很多印度犍陀罗的艺术特点，而非宋以后的大肚弥勒像。
[24] 郝平、杨波：《超越信仰：明清高平关帝庙现象与晋东南乡村社会》，商务印书馆，2019，第 62 页。
[25] 见《关帝庙重修记》（大清咸丰四年），平遥曹村关帝庙碑。
[26] 徐华铛、范兵：《中国护佛神将造像艺术》，同济大学出版社，2018，第 114 页。
[27] 裴梅琴：《双林寺》，山西经济出版社，1998，第 16~17 页。
[28] 李玉珍、林美玫：《妇女与宗教：跨领域的视野》，台湾里仁书局，2003，第 11 页。
[29] 于君方著：《观音：菩萨中国化的演变》，陈怀宇、姚崇新、林佩莹译，商务印书馆，2012，封底。
[30] 梁思成：《中国雕塑史》，百花文艺出版社，1997，第 1 页。

[31] 程佳德：《双林寺彩塑艺术特征和历史文化意义研究》，硕士学位论文，南京艺术学院，2007，第 2 页。

[32] 李路：《中华优秀传统艺术丛书·雕塑》，吉林出版集团有限责任公司，2013，第 104 页。

[33] 中都河，今称其为惠济河，上游分东、西两源，东源发源于宝塔山与狐爷山之间的东、西沟，西源发源于千庄乡的城墙岭，全长 44 千米，宽 50 ~ 200 米，流域面积 313 平方千米，其中砂岩石山区面积 168 平方千米。

[34] 丁淑芳：《平遥双林寺历史环境保护策略初探》，硕士学位论文，山西大学历史文化学院，2013，第 17 页。

[35] 易存国：《敦煌艺术美学：以壁画艺术为中心》，上海人民出版社，2013，第 221~222 页。

[36] 当时平遥县的铜绿原料多来自四川。做法是将四川的铜料，经过长途运输到平遥县内的作坊后，将铜片装在木匣内，上盖醋槽加热，若干天后，取出已发生化学反应的铜片，剥下所产生的绿色晶体，研磨加工成精细粉末，就制成了铜绿颜料。

[37] 平遥县地方志编纂委员会：《平遥县志》，中华书局，1999，第 274 页。

[38] 王家斌、王鹤：《中国雕塑史》，天津人民出版社，2005，总序第 1~2 页。

[39] 其他版本的传说可参见《平遥传说之双林寺“冀壁赶会遇神仙”》，访问日期：2020 年 9 月 26 日，网址链接：http://www.naic.org.cn/html/2018/gjwh_0622/45158.html.

[40] 章义和、陈春雷：《贞节史》，上海文艺出版社，1999，第 1 页。

[41] 据传，敲响此钟后会发出清脆的声音，可远传至平遥城内。

[42] 赵广超：《不只中国木建筑》，上海科学技术出版社，2001，第 9 页。

[43] 赵广超：《不只中国木建筑》，上海科学技术出版社，2001，第 11 页。

[44] 刘畅、廖慧农、李树盛：《山西平遥镇国寺万佛殿与天王殿精细测绘报告》，清华大学出版社，2012，第 21 页。

[45] 具体而言，抬梁式的主要特征是用柱子来承担梁架，在各层梁的端头放置檩条，以承担椽子，上面再铺望板、苫背和瓦，从而形成房屋。而穿斗结构则是在柱子和柱子之间使用称为“穿”的木条，将其连成房屋的基本单位——架，在柱头上直接放置檩条，檩条上安椽子、望板或竹篾，最后铺瓦。

[46] 参见《补修镇国寺并九间庙碑记》（清光绪三十年），平遥镇国寺藏。
[47] 董金宝：《平遥佛教文化史辑》，山西人民出版社，2012，第503~504页。
[48] 雷德侯著：《万物：中国艺术中的模件化和规模化生产》，张总等译，生活·读书·新知三联书店，2012，第4页。
[49] 雷德侯著：《万物：中国艺术中的模件化和规模化生产》，张总等译，生活·读书·新知三联书店，2012，第145页。
[50] 喻维国、王鲁民：《中国木构建筑营造技术》，中国建筑工业出版社，1993年，第6页。
[51] 中国古代工匠将建筑物的木构制作分为两个部分，一是起骨干作用的“大木作”，包括柱、梁、枋、檩、椽等；二是尺寸较小、多用来装饰的“小木作”，包括门、窗、隔断等。
[52] 姚雅欣：《山西平遥镇国寺三佛楼佛传故事壁画考略——兼谈山西佛传故事壁画发展脉络》，《古建园林技术》2004年第4期，第28页。
[53] 吴孟庆：《东来紫气：宗教散文随笔》，文汇出版社，2004，第52页。
[54] 楚启恩：《中国壁画史（修订版）》，北京工艺美术出版社，2012，第216页。
[55] 另外10处分别是：山西新绛东岳稷益庙、山西汾阳圣母庙、北京法海寺、河北正定隆兴寺、四川蓬溪宝梵寺、河北石家庄毗卢寺、天津蓟县（现蓟州区）独乐寺、四川新津观音寺、云南丽江大觉宫、青海乐都瞿昙寺。
[56] 张晓晶：《平遥镇国寺万佛殿千佛壁画艺术探析》，硕士学位论文，山西大学美术学院，2017。
[57] 刘畅、廖慧农、李树盛：《山西平遥镇国寺万佛殿与天王殿精细测绘报告》，清华大学出版社，2012，第161页。
[58] 易欣、李鹏：《十王信仰传播中视觉形式对民众心态的积极构建》，《美术观察》2015年第5期，第123页。

[59] 柏仙，指平遥西胡村古柏，是平遥县的古树之冠，旁边修筑有柏仙观。1965 年夏，因动力电线失火，柏仙观毁于火灾。

[60] 平遥县地方志编纂委员会：《平遥县志》，中华书局，1999，第 237 页。

[61] 平遥县地方志编纂委员会：《平遥县志》，中华书局，1999，第 763 页。

[62] 岳廷元，清徐人，字绍先，号兰溪，乾隆戊戌年间进士，曾历任云南宜良、福建福鼎县知县。《清徐县志》对其评价道："补福鼎时，海贼蔡牵寇扰各郡邑，公多方捍御，民得晏然。乙丑（1805）引病归里居讲学，多所成就。"

[63] 见《镇国寺龙槐记》（清嘉庆十八年），平遥镇国寺藏。

[64] 见《龙槐荣枯记》（清光绪十九年），平遥镇国寺藏。

[65] 石鼓文，一般被认为是中国最早的石刻文字，被称为"石刻之祖"，其刻于十座花岗岩石上，因石墩形貌似鼓，所以称作"石鼓文"。石鼓文在中国书法史上处于承前启后的地位，承秦国书风，为小篆的先声。

[66] 见《重金七佛立碑小引》（清雍正十三年），平遥清凉寺藏。

[67] 董云飞：《晋源文史集萃》，山西人民出版社，2012，第 230 页。

[68] 见《重修西域白云寺碑记》（清嘉庆十四年），平遥白云寺藏。

[69] 王开岭：《古典之殇——纪念原配的世界》，书海出版社，2010，第 62 页。

图书在版编目（CIP）数据

平遥古城 / 山西省文物局编 ; 贾登红编著 . -- 太原 : 三晋出版社 , 2024.1（2024.5 重印）
（山西国宝故事）
ISBN 978-7-5457-2406-6

Ⅰ . ①平… Ⅱ . ①山… ②贾… Ⅲ . ①名胜古迹－平遥县－通俗读物 Ⅳ . ① K928.702.54-49

中国国家版本馆 CIP 数据核字 (2023) 第 255481 号

平遥古城

编　　者：山西省文物局
编　　著：贾登红
责任编辑：秦艳兰
助理编辑：张丹华
装帧设计：我在文化工作室

出 版 者：山西出版传媒集团・三晋出版社
地　　址：太原市建设南路 21 号
电　　话：0351－4956036（总编室）
　　　　　0351－4922203（印制部）
网　　址：http://www.sjcbs.cn

经 销 者：新华书店
承 印 者：山西润金容印业有限公司

开　　本：787mm×1092mm　1/32
印　　张：5.375
字　　数：80 千字
版　　次：2024 年 1 月　第 1 版
印　　次：2024 年 5 月　第 2 次印刷
书　　号：ISBN 978-7-5457-2406-6
定　　价：32.00 元